Guy Finley

Der
Weg des
Wunderns

Einsichten, die weiterbringen
Im Leben, in Partnerschaften und Beziehungen,
im Beruf und in persönlicher Entwicklung

WINDPFERD
Verlagsgesellschaft mbH.

Was du willst, das will auch dich.
Wenn du das Himmlische suchst,
dann sucht das Himmlische auch dich.
Es gibt im Universum keine unerfüllten Wünsche.
Wenn uns das, was wir erhalten,
nicht gefällt, sollten wir lernen,
um etwas anderes zu bitten.
Dann werden wir finden,
was wir wirklich wollen.

Vernon Howard

Titel der Originalausgabe The Secret Way of Wonder
Erschienen bei Llewellyn Publications, St. Paul
Aus dem Amerikanischen von Matthias Schossig
© 1992 by Guy Finley

1. Auflage 1993
© Windpferd Verlagsgesellschaft mbH, Aitrang
Alle Rechte vorbehalten
Umschlaggestaltung: Monika Jünemann, unter Verwendung
einer Illustration von Berthold Rodd
Gesamtherstellung: Schneelöwe, D - 8955 Aitrang
ISBN 3-89385-106-2

Printed in Austria

Inhaltsverzeichnis

Einleitung von Desi Arnaz, Jr.   7

Vorwort von Dr. Ellen B. Dickstein, Ph.D.   11

Den Weg des Wunderns wählen:
Eine persönliche Botschaft des Autors   19

Kapitel 1
**Das Geheimnis des Wunderns
und wie du es nutzen kannst**   23

Kapitel 2
Öffne dem Wundern das Fenster   33

Kapitel 3
**Wie das Wundern helfen kann,
schmerzhafte Gewohnheiten zu beseitigen**   41

Kapitel 4
Der wunderbare Keim einer neuen Kraft   47

Kapitel 5
**Die Brücke des Wunderns –
ein Schritt in ein neues Leben**   53

Kapitel 6
Gebrauchsanweisung für das Wundern   63

Kapitel 7

Das Wunder, du selbst zu sein   73

Wundern, um den Weg zu finden   74

Wundern zur Selbsterneuerung   76

Wundern über das Festhalten am
Unglücklichsein   78

Wundern über freien Willen und freie Wahl   80

Wundern darüber, sich selbst zu besitzen   82

Wundern über innere Heilung   84

Wundern über Glück und Sehnsucht   86

Wundern über einen festen Standpunkt   88

Wundern über Individualität   90

Wundern über die Selbstwahrnehmung   92

Kapitel 8

**Das Wunder zwischenmenschlicher
Beziehungen**   95

Wundern darüber, sich in zeitloser
Gesellschaft zu befinden   96

Wundern über Schwächen   98

Wundern über Feindschaft   100

Wundern über Liebe und Selbstaufopferung   102

Wundern über Selbstschutz   104

Wundern über Selbstliebe   106

Wundern über menschliches Mitgefühl   108

Wundern über deinen inneren Groll   110

Wundern darüber, wie man
die Zustimmung anderer sucht   112

Wundern über leere Entschuldigungen   114

Kapitel 9
**Das Wundern über Angst, Frustration
und andere Sorgen**   119
Wundern über Angst und Unwissenheit   120
Wundern über Ungeduld   122
Wundern über nutzlose Gefühle   124
Wundern über das Erwachen   126
Wundern über das Finden der Freiheit   128
Wundern über Probleme   130
Wundern über schmerzhafte Angewohnheiten   132
Wundern über Bindungen   134
Wundern über unerfüllte und
frustrierende Wünsche   136
Wundern über die Einsamkeit   138

Kapitel 10
Wundern über das Denken   143
Wundern über den menschlichen Geist   144
Wundern über Selbstsicherheit   146
Wundern über die Unentschiedenheit   148
Wundern über ein Lebensziel   150
Wundern über ein Leben des Lernens   152
Wundern über den Wandel   154
Wundern über Niederlagen   156
Wundern über Selbstzweifel   158
Wundern über einen Neuanfang   160
Wundern über das Nicht-Wissen   162

Kapitel 11
Wundern über das Loslassen   165
Wundern über das Unerwartete   166
Wundern über negative Reaktionen   168

Wundern über das Lernen von Geduld 170
Wundern über Selbstbestrafung 172
Wundern über die Suche nach Antworten 174
Wundern über Druck 176
Wundern über Aufmerksamkeit 178
Wundern über Selbstwidersprüche 180
Wundern über Ehrgeiz 182
Wundern über das Loslassen 184

Kapitel 12
Das Wunder des Wunderns 189
Wundern über die Stille 190
Wundern über Widerstände 192
Wundern über Farben und Licht 194
Wundern über Selbstaufgabe 196
Wundern über das Böse 198
Wundern über die Leere 200
Wundern über Stärke 202
Wundern über unsichtbare Einflüsse 204
Wundern darüber, etwas Besonderes zu sein 206
Wundern über die Wahrheit 208

Kapitel 13
Der verborgene Quell des Wunderns in dir 211
Heilsame Entdeckungen:
Ein persönliches Nachwort von Vernon Howard 221
**Ein Index voller Wunder, um dich
selbst zu entdecken** 229

Einleitung

von Desi Arnaz, Jr.

Ich kannte Guy bereits, als wir beide noch Teenager waren. An unserer Freundschaft war eigentlich gar nichts Ungewöhnliches. Wir waren ganz normale Jugendliche, die hauptsächlich mit sich selbst und ihren Zukunftsträumen beschäftigt waren. Wir hatten beide eine große gemeinsame Liebe: die Musik. Allmählich lernten wir uns immer besser kennen und fanden heraus, daß wir noch eine gemeinsame, unbeschreibliche Vorliebe teilten: die Sehnsucht nach der Wahrheit in allen Dingen und besonders darüber, warum das Leben so ist, wie es ist.

Warum und auf welche Weise sind wir zu dem geworden, was wir sind? Wer oder was hat alles, was wir sehen, geschaffen? (Und alles, was wir nicht sehen, ebenfalls?) Gibt es einen Gott? Gibt es andere Welten jenseits unseres Vorstellungsvermögens? In all den Jahren unseres »Wunderns« über uns und die Welt waren wir beide auf unsere Weise auf der Suche nach den Antworten auf diese geistigen Fragen. Immer wenn wir ein weiteres Stück des großen Puzzles gefunden hatten, erzählten wir einander begeistert von unserem Fund und versuchten zu erklären, was wir erfahren oder verstanden hatten. Aber es gab immer noch mehr, was sich nicht mir Worten ausdrücken ließ, so sehr wir es auch versuchten. Heute stimmen wir beide darüber überein, daß wir daraus die wichtigste Lehre unseres Lebens ziehen konnten. Die bestand darin, daß die

Beschreibung von etwas eben nichts weiter ist als eine Beschreibung. Sie kann niemals die wirkliche Erfahrung ersetzen. Es gibt immer noch ein »Mehr«, das sich nicht in Worte fassen läßt. Die Erläuterung einer Erfahrung kann die Erfahrung selbst nicht ersetzen.

In meinen frühen Teenagerjahren hatte ich Nachhilfe in Mathematik bei einem Studenten der UCLA (University of California Los Angeles). Ich kannte ihn ebenfalls schon von Kindesbeinen an. Eines Tages kamen wir anläßlich der Erörterung eines geometrischen Problems auf eine mathematische Theorie zu sprechen, nämlich, daß es keine Grenze des Meßbaren gibt, weder im Kleinen noch im Großen. Mit Hilfe von Teleskopen und Mikroskopen haben Wissenschaftler Objekte entdeckt, von deren Existenz sie vorher nichts geahnt hatten. Wie gut wir auch sehen können, es wird immer noch etwas Größeres oder Kleineres geben, selbst wenn wir über Instrumente verfügen, die scheinbar Unsichtbares sichtbar machen können. Mathematisch ausgedrückt könnte man sagen: Wenn du dich zwei Meter von einer Wand entfernt befindest und in Schritten auf die Wand zugehst, die jeweils halb so groß sind wie die Distanz zwischen dir und der Wand, wirst du sie niemals erreichen. Mein Freund und Tutor erzählte mir von einem Kommilitonen, der das Studium abgebrochen hátte, nachdem er von dieser offenen Frage, die ewig ungelöst bleiben wird, erfahren hatte. Er hatte nicht ertragen können, daß es immer noch ein »Mehr« geben wird. Er hatte nicht das Studium der Mathematik begonnen, um so etwas zu lernen. Das Leben ist in der Tat unendlich. Es hat weder Anfang noch Ende. Die Wirklichkeit ist daher nichts, was man erfahren kann, indem man es lediglich beschreibt oder darüber nachdenkt. Diese schockierende Erkenntnis kann alles verändern.

Mein Verstand kann das, was ich wirklich suche, nicht für mich finden. Der Gegenstand meiner Suche ist nichts anderes als die Erfahrung der Ewigkeit. Selbst meine Phantasie kann mir diesen Zustand der Ganzheit oder Erfüllung nicht bieten. Die einzige Möglichkeit, die grenzenlose Ausdehnung des Universums zu ergründen, besteht im *Wundern*, in einem Sinn für das tiefe Staunen, das uns ergreift, wenn wir der ganzen Fülle des Kosmos in uns und um uns herum gewahr werden. Der Verstand vermag dann nichts weiter zu tun, als eine Beschreibung des Geschauten zu liefern, aber die Gesamtheit dessen, was wir in der sichtbaren und in der unsichtbaren Welt erblicken, liegt in Wahrheit weit jenseits aller Worte. Die einzige Möglichkeit, das Wunder tiefen Wunderns über das Unendliche zu erleben, besteht darin, selbst des Unendlichen teilhaftig zu werden. Ich kann dir noch so viel über die unglaublichen Vorgänge in der Natur erzählen, über das unendliche Meer, über den Geschmack des Wassers, über die Freuden des Tauchens oder des Wellenreitens. Wenn du es nicht selber machst, wird meine Beschreibung des Meeres der Wirklichkeit der Erfahrung nicht einmal annähernd gerecht. Die Beschreibung eines Gegenstandes ist nicht der Gegenstand. Sie wird immer nur eine Beschreibung bleiben.

Wundern heißt nicht, sich etwas einzubilden. Sich wundern hat vielmehr etwas mit Aufmerksamkeit zu tun, mit dem Schauen auf innere und äußere Vorgänge. Sich wirklich zu wundern heißt, auf alle Gedanken und Gefühle zu achten, die man hat. Es heißt, alles mit einem geschärften Interesse zu betrachten, zu lernen, was das wahre Wesen ist, das dahintersteht.

Guys Buch hilft uns, daß wir uns wirklich wundern können, daß wir sehen, was wahr an uns ist, aber auch was unwahr ist. Das größte Abenteuer des Menschen kann in der Reise nach innen zu wahrer Selbsterkenntnis bestehen. Mit der Macht der Ehrlichkeit und der Fähigkeit, uns wirklich zu wundern, können wir erkennen, wie unser Innenleben funktioniert und wie unsere Gedanken und Gefühle Tag für Tag unser Leben prägen. Wir können entdecken, was hinter unserem gegenwärtigen Horizont verborgen liegt. Laß uns gemeinsam auf die Entdeckungsreise gehen, zusammen mit meinem Freund Guy Finley, der uns hilft, die Kraft des Wunderns in uns zu finden, und uns damit zu einem wahrhaft »wundervollen« Leben verhilft.

Vorwort

von Dr. Ellen B. Dickstein, Ph.D.

Sigmund Freud bemerkte einmal angesichts der trübsinnigen und sturen Gesichter, die er auf Wiens Straßen beobachtete, daß er sich fragte, was aus den fröhlichen Kindern geworden ist, die sie einst waren. Hast du dir schon einmal die Gesichter der Menschen, die dich alltäglich umgeben, näher angeschaut? Schau sie dir an, wie sie dir auf der Straße begegnen, wie sie an der Kasse im Supermarkt stehen oder im Restaurant sitzen und essen. Beobachte sie, wenn sie eigentlich Grund zur Freude haben müßten, beim Einkaufen zur Weihnachtszeit oder bevor sie ins Kino gehen. Ihr Gesichtsausdruck ist ein Spiegel ihrer Lebensqualität. Faß dir ein Herz und schau einmal wirklich hin.

Wenn du in einem unbeobachteten Augenblick das Gesicht eines durchschnittlichen Menschen betrachtest, wirst du trübe Augen und einen erstarrten Gesichtsausdruck sehen. Möglicherweise sitzt die Person am Tisch und wartet auf den ersten Gang eines ausgezeichneten Feinschmeckermenüs, aber jenen Funken einer lebendigen, freudigen Erwartung, wirkliche Lebensfreude – Wundern – wirst du vergeblich in ihrem Gesicht suchen. Beobachte, wie sich der Mund zu der gewohnten Form verzieht. Bei einem Menschen bilden die Lippen eine schmale Linie der Unzufriedenheit, bei einem anderen steht der Mund halb offen und zeigt die Leere seiner Gedanken. Ein dritter lächelt möglicherweise scheinbar zufrieden, aber verrät sich durch den Ärger, der in unbedachten Momenten in seinen Augen aufblitzt.

Wir alle wissen, wie schwer es ist, das eigene Gesicht im Spiegel zu betrachten, bevor wir Gelegenheit hatten, es in unseren bevorzugten »Spiegelausdruck« zu bringen. Es kann ein Schock sein, wenn man das erste Mal erkennt, wie sich jahrelange Schmerzen und Enttäuschungen in den Augenwinkeln und um den Mund herum eingegraben haben. Wenn dies unser Dauerzustand sein müßte, würden wir einen jämmerlichen Eindruck abgeben. Aber Gott sei Dank ist es nicht so. Sobald wir bereit sind, zu sehen, daß wir in unserem Leben etwas Wesentliches verloren haben, ist der erste Schritt getan, um es wiederzuerlangen. Wenn wir wirklich sehen, was wir uns haben entgehen lassen, werden wir unweigerlich das Bedürfnis entwickeln, es wiederzugewinnen. Es braucht nur ein paar Tropfen Wasser, um eine schlafende Pflanze wiederzubeleben, damit sie ihre zarten Wurzeln ausschlägt, um nach mehr Wasser zu bohren. Ebenso reichen die ersten zarten Andeutungen der Möglichkeit einer neuen Art von gesteigerter Lebensfreude und Energie, um das Bedürfnis nach immer tiefergehendem Wandel zu erzeugen, bis das ganze Leben davon ergriffen und transformiert wird.

Um diese Transformation in Gang zu setzen, müssen wir dort beginnen, wo wir sind: mit den Tatsachen unseres gegenwärtigen Schmerzes und unserer Verwirrung. Wir müssen verstehen, was uns soweit gebracht hat. Was ist geschehen, daß wir keine rechte Freude mehr am Leben haben? Warum fällt unser Leben immer wieder in dieselben Verstrickungen? Was belastet und fesselt uns an den Teil des Lebens, den wir immer sehen, und verschließt uns die Möglichkeiten, die vor uns liegen? Worin bestehen diese Möglichkeiten? Wir alle können und müssen die Antworten auf diese Fragen in uns selbst suchen. Aber wir können das nicht mit Hilfe unserer alten Wege, zu denken und die Dinge zu sehen. Wir brauchen Hilfe.

Der Weg des Wunderns bietet diese Hilfe. Dieses Buch unterscheidet sich sehr von anderen, ähnlich scheinenden Büchern. Es lehrt den Leser, in Berührung mit dem verborgenen Teil seines Wesens zu kommen, der bereits weiß, wie er auf neue Weise denken und fühlen kann. Das Buch kann als ein meditatives Werkzeug dienen, das unserem Wundern eine konzentrierte Zielrichtung verleiht und uns dadurch zwangsläufig neue Einsichten vermittelt. Es ist ein interaktives spirituelles Arbeitsbuch, das zu gezielten Übungen für das Selbststudium anleitet. *Der Weg des Wunderns* liefert dem Leser das Grundwissen, das er braucht, um den verlorenen Wissenden in sich wiederzufinden. Dieses Buch ist Gelegenheit und Ermutigung, um eigene Ausflüge ins Unbekannte zu wagen. Gleichzeitig enthält es Methoden, die immer wieder angewendet werden können und zu einem dauerhaften Fortschritt führen, der über Jahre hinweg fortgesetzt werden kann.

Das alles erfordert jedoch Zeit und Mühe. Wozu das alles? Es ist notwendig, um den verborgenen Wissenden, das höhere Selbst, zu finden. Ihn zu finden ist das Wichtigste, was ein Mensch in seinem Leben erreichen kann. Gleichzeitig ist es jedoch auch das Schwierigste. Die Geschichte einer Frau mag dazu dienen, das zu illustrieren. Es könnte jede beliebige Frau – oder jeder Mann – sein. Auch du könntest es sein – oder ich.

Eine Frau, deren Leben in erster Linie durch ihr gebrochenes Herz geprägt war, tat alles mögliche, damit es ihr besser ging, aber ganz gleich, wohin sie auch ging oder was sie unternahm, ihre Lage blieb immer dieselbe. Sobald sie einer Wohnung überdrüssig war, zog sie in eine andere um. Es dauerte jedoch nicht lange, bis sie auch die nicht mehr mochte. Ebenso verhielt es sich mit ihren Beziehungen zum anderen Geschlecht. Sobald eine Beziehung unerträglich wurde, wendete sie sich einer anderen zu. Aber auch die neue Beziehung verschlechterte sich schon nach kurzer Zeit auf dieselbe Weise. Manchmal, wenn sie all ihrer Pläne und Aktivitäten überdrüssig war, hatte sie das unbestimmte Gefühl, daß, wenn nicht bald etwas Außergewöhnliches geschehen würde, sich wahrscheinlich in ihrem Leben überhaupt nichts mehr ändern würde.

Es war jedoch etwas sehr Interessantes an dieser Frau. Als sie ein junges Mädchen war, schenkte ihre Mutter ihr ein Tagebuch. Sie sagte ihr, daß das Tagebuch ein Begleiter für das ganze Leben sein könne, wenn sie täglich ihre Erlebnisse und Gefühle darin aufschreiben würde. Das kleine Mädchen tat, wie ihr geheißen wurde. Täglich schrieb sie auf, was ihr zugestoßen war. Schon bald fand sie heraus, daß es nicht nur eine Erleichterung war, sich das Erlebte von der Seele zu schreiben, sondern daß es auch gut war, das Geschriebene später noch einmal zu lesen. Wenn sie nervös wurde, weil sie an irgendeinem Tag besonders gefordert war, las sie in ihrem Tagebuch nach, wie sie in der Vergangenheit mit solchen Dingen umgegangen ist. So wiederholte sie bestimmte Verhaltensweisen immer wieder, und ihr Verhalten wurde für ihre Persönlichkeit charakteristisch.

Ihr Tagebuch wurde immer dicker, und das Bild, welches sie von sich hatte, immer stärker und verhärteter, so daß sie in ihrem Leben immer weniger Möglichkeiten hatte, sich zu entfalten.

Bis heute hat sie sich nicht aus dieser Zwangslage befreien können. Sie glaubt noch immer, daß ihr Tagebuch ihr Sicherheit verleihen kann. Die Weisheit ihres Tagebuches ist die Leitlinie für ihr tägliches Handeln. Dabei übersieht sie völlig, daß sie, indem sie sich nach ihrem Tagebuch richtet, die Fehler ihrer Vergangenheit ständig wiederholt. Die »Weisheit« ihres Tagebuches ist nichts weiter als die Ansammlung von Handlungen, die sie in der Vergangenheit mehr oder weniger zufällig begangen hat. Ihr Leben verändert sich nie, weil sie sich ständig in die künstlichen Barrieren ihrer Vergangenheit zurückzieht. Anstatt ihr Sicherheit zu geben, setzt ihr Tagebuch sie in Wirklichkeit der größten aller Gefahren aus: der Gefahr, niemals zu erkennen, wer sie wirklich ist, warum sie hier auf Erden ist, der Gefahr, niemals eine Verbindung mit der höheren universalen Kraft eingehen zu können, die ihr bei der Geburt die Essenz ihres Lebens verliehen hat und die niemals in dem begrenzten, sich ständig wiederholenden Kreislauf ihrer Gedanken zu finden ist. Die Geschichte dieser Frau ist unser aller Geschichte, obgleich wir nicht alle über ein materielles Tagebuch verfügen, an der wir sie festmachen können. Unser Tagebuch ist in uns selbst. Wir versuchen ständig, uns Sicherheit zu geben, indem wir am Vertrauten festhalten. Dadurch schneiden wir uns von allem ab, was das Leben lebenswert macht. Die einzige Chance, die uns bleibt, ist, das Tagebuch beiseite zu legen, und es nie wieder zu Rate zu ziehen. Wir müssen die falschen, abgestandenen Antworten durchschauen, die wir uns all die Jahre hindurch gegeben haben, und statt dessen in Verbindung mit etwas Neuem und Hilfreichen kommen, etwas, das sich wirklich um uns kümmert, etwas, das zwischen den Zeilen dieses Buches zu finden ist.

Ich bin immer glücklich, wenn es ein Happy End gibt. Die Frau in unserer Geschichte hat schließlich ihr Tagebuch weggeworfen und ein wirklich neues Leben angefangen. Wir alle haben Gelegenheit, dasselbe zu tun, und *Der Weg des Wunderns* zeigt uns den Weg dazu. Dieses Buch hilft uns, die richtigen Fragen zu stellen, und lehrt uns, wir wir an neuen Stellen die richtigen Antworten finden können. Sobald wir die Vergeblichkeit unserer alten Wege erkannt haben und gewillt sind, uns auf neues, unerprobtes, aber wahres Terrain vorzuwagen, befinden wir uns auf einer aufregenden Reise, die auf unser ganzes Leben eine außerordentlich heilsame Wirkung hat. Wundervolle Aussichten eröffnen sich vor unseren Augen, und von der unendlichen Quelle alles Lebendigen und Neuen bläst uns ein frischer Wind entgegen. Das ist es, was das Leben uns zu bieten hat und was dem überwiegenden Teil der Menschheit völlig entgeht. Es ist das große Geschenk, das all jene erwartet, die durch das Tor des Wunderns gehen und ihre Hand nach dem Universum ausstrecken.

Dr. Ellen Dickstein, Ph.D. erwarb ihren Doktortitel an der Johns Hopkins Universität in Baltimore, Maryland. Sie lehrte an verschiedenen Universitäten und hat einen Lehrstuhl an der Southern Methodist University in Dallas, Texas. Ihre Forschungen über die Entwicklung der

Persönlichkeit und der Selbstwahrnehmung sind in verschiedenen Fachzeitschriften erschienen (*Human Development, Journal of Personality and Social Psychology, Developmental Psychology* sowie dem *Journal of Consulting and Clinical Psychology*).

Den Weg
des Wunderns wählen

Eine persönliche
Botschaft des Autors

Ich kann mich lebhaft an eine Geschichte erinnern, die mich seit meiner Kindheit begleitet. Es ist die Geschichte eines Kreuzweges, an den wir alle kommen, von dem aus zwei grundsätzlich verschiedene Wege durchs Leben führen. Dieses Buch handelt von einem dieser Wege, den wir »Wundern« nennen. Wir werden aus unserer gemeinsamen Beschäftigung mit dem Wundern lernen, wie wir diesen wundervollen Weg beschreiten können.

Meine Geschichte beginnt an einem Abend in meiner Kindheit. Jener bedeutungsvolle Abend schien oberflächlich betrachtet überhaupt nichts Besonderes zu haben. Wie üblich waren Freunde der Familie aus einer anderen Stadt bei uns zu Besuch. An jenem Abend saßen wir gemeinsam um einen großen, elegant gedeckten Abendbrottisch im Nebenraum eines exklusiven Restaurants. Man aß, trank und unterhielt sich.

Mir ging es nicht besonders gut, und ich glaube, man konnte es mir deutlich ansehen. Schließlich wurde einer der Freunde meines Vaters auf mich aufmerksam, was mir jedoch gar nicht recht war.

In dem Augenblick, in dem er zu mir sprach, war ich tief in Gedanken versunken, so tief, wie ein zehn- oder elfjähriger Junge das überhaupt sein kann. Ich fragte mich, warum die Erwachsenen so viel Zeit damit verbrachten, miteinander zu sprechen. Bereits in diesem Alter war mir klar, daß die meisten Antworten, die wir auf die vielen Fragen, die uns beschäftigen, finden, im Grunde nicht viel bewirken und verändern können. Ich war mir sicher, daß es im Leben noch etwas Wichtigeres geben mußte als das, was wir an diesem und vielen anderen ähnlichen Abenden taten. Ich fing an, mich zu wundern.

Die Worte des Mannes brachten mich aus meinen Gedanken in die verrauchte, von einem Stimmengewirr erfüllte Wirklichkeit des Abends in dem Restaurant zurück.

»Du machst nicht gerade den Eindruck, daß du dich besonders wohl fühlst«, sagte der Mann und lächelte mich an, wie Erwachsene lächeln, wenn sie wissen, daß man sich nicht wohlfühlt.

»Das stimmt«, sagte ich und lächelte ebenso halbherzig zurück. Im Grunde interessierte mich seine Meinung überhaupt nicht.

»Was hast du denn für ein Problem?«, fragte er. Aber ich wußte, daß er es eigentlich überhaupt nicht wissen wollte. Er schaute mich nicht einmal mehr an.

Ich beschloß, es ihm trotzdem zu sagen, wenigstens so gut ich konnte. Ich wählte sorgfältig meine Worte und begann: »Es muß doch im Leben noch etwas anderes geben als dieses hier.« Dann fuhr ich so ernst, wie ich konnte, fort: »Machen Sie sich niemals Gedanken darüber, was wir mit unserem Leben anstellen sollten, warum wir überhaupt leben? Haben Sie nicht das Gefühl, daß Sie für etwas Bestimmtes hier auf Erden sind?«

Ich werde niemals vergessen, was dann geschah. Irgend etwas mußte den Mann getroffen haben, was er überhaupt nicht mochte. Plötzlich hatte ich seine ungeteilte Aufmerksamkeit. Allerdings war mir das in diesem Moment auch nicht recht.

Sein Gesicht wurde todernst, und er wurde blaß. Er begann, mit einem seltsamen Ton von Dringlichkeit zu sprechen. Es war klar, daß er sich anstrengte, um auf meinen jungen Verstand einen Eindruck zu machen. Das gelang ihm zwar ohne Zweifel, aber nicht so, wie es eigentlich gedacht war.

»Hör mir mal zu, junger Mann«, sagte er. »Als ich in deinem Alter war, habe ich mir auch über alles mögliche den Kopf zerbrochen, über all die Warums und die Wohers. Aber ich kann dir versichern, daß das reine Zeitverschwendung ist. Vergiß es, glaub mir, ich weiß, wovon ich spreche.« Nachdem er noch einmal ausgiebig in die Runde geschaut hatte, um ja keine der wichtigen Personen auszulassen, fuhr er fort mit seiner Weisheit. »Es gibt keine Antworten auf solche Fragen wie die, welche du da vorbringst. Solche Fragen bewirken nichts weiter, als dir den Kopf zu verdrehen. Entspanne dich, lerne, dich an dem zu erfreuen, was du hast. Schau dich um – bist du denn kein glücklicher Junge?«

Ich hatte damals noch nicht die Möglichkeit, genau zu verstehen, was ich an jenem Abend erlebt hatte und warum die Eindrücke mir damals so überwältigend erschienen. Aber jetzt weiß ich es. Ich hatte eine neue, seltsame Art von Sorgen kennengelernt. Heute weiß ich, daß ich schon damals gespürt hatte, daß dieser Mann die Fähigkeit zu staunen, sich zu wundern, vertan hatte. Und gleichzeitig damit hatte er seine einzige Chance verloren, die er in seinem Leben hatte, In Kontakt mit der höheren Welt in sich selbst zu kommen und eine höhere Ebene in sich zu finden. Ohne die Wunder und Einsichten des Höheren in sich würde dieser Mann für immer in seiner selbst zusammengefügten Welt alleingelassen. Ohne Wundern war er den Rest seiner Tage dazu bestimmt, als müder Wanderer in einer geschlossenen Welt zu verbringen, in der alle Antworten, die er jemals bekommen würde, aus seiner eigenen begrenzten Perspektive kommen würden, niemals durch Höheres inspiriert.

Mit Hilfe dieses Buches und der darin aufgezeigten heilsamen Einsichten wirst du für dich selbst einen anderen Weg aufzeigen können, einen mutigen, neuen und aufregenden Kurs, der in ein wahrhaft grenzenloses Leben führt. Wir werden das Geheimnis lüften, wie man mit den mächtigen, sanften, spontanen, freundlichen und weisen Mächten der *anderen* Welt, einer höheren, wahreren Welt, Kontakt aufnehmen kann. Und das Beste dabei ist, daß unsere Reise in die wundervolle Welt nach innen uns zeigen wird, daß jeder Schritt, den wir auf dem Weg des Wunderns gehen, uns einen Schritt weiter von unseren Sorgen entfernt. Je weiter wir uns vorwagen, desto glücklicher werden wir. Machen wir uns auf den Weg!

Vor zwei Wegen stehend
ging ich den, auf dem nur wenige gehen
Diese Wahl veränderte mein Leben.　　　　Robert Frost

Kapitel 1

Das Geheimnis des Wunderns und wie du es nutzen kannst

Ich werde dir ein großes Geheimnis über eine unsichtbare Kraft verraten, die stark genug ist, um deine Welt, so wie du sie kennst, ein für allemal zu verändern. Anfangs magst du erstaunt darüber sein. Möglicherweise wirst du es nicht einmal glauben. Das macht jedoch nichts. Eines der ersten Dinge, die du über diese Kraft lernen wirst, ist die Tatsache, daß sie für dich arbeitet, ganz gleich, ob du an ihre Macht glaubst oder nicht: die Kraft des Wunderns.

Wenn wir uns wundern, öffnet sich uns ein Fenster zu einer neuen und höheren Welt direkt vor unseren Augen. Auf dieser überweltlichen, unsichtbaren Ebene erschließt sich uns eine unendliche Fülle enthüllender Einsichten und spontaner Intuitionen, mit denen wir die Antwort auf alle Fragen unseres Herzens finden können. Offenbarung des Neuen, nicht Wiederholung des Alten ist hier die Norm. Du weißt, daß du in einem freundlichen, intelligenten und lebendigen Universum lebst. Und das Beste ist, du weißt, daß du es jederzeit erreichen und selbst von ihm erreicht werden kannst – durch Wundern.

Klingt das zu schön, um wahr zu sein? Ich verspreche dir, daß du all das und mehr erreichen kannst, wenn du die Kunst des Wunderns verstehst. Ich weiß es. Bevor wir jedoch die weisen und wundervollen Anleitungen von unserer höheren Natur empfangen können, müssen wir Platz für ihre Ankunft machen. Wir können unsere Aufmerksamkeit zwischen dem Gewöhnlichen und dem Himmlischen ebensowenig teilen wie ein wirklicher König und ein Bauer sich ein königliches Schloß teilen können. Wir müssen wählen, welchen Zustand wir einnehmen wollen. Wir müssen uns entscheiden, ob wir unseren eigenen Weg gehen wollen oder den des Wunderns. Die folgenden Einsichten werden uns helfen, uns für das Wundern zu entscheiden, was, so werden wir merken, dasselbe ist, wie unser wahres Selbst zu wählen.

Wundern ist ein natürliches Bedürfnis. Wenn wir uns wundern, geben wir unserem Wunsch Raum, der Intelligenz, die uns umgibt, die aber für uns unsichtbar ist, zu begegnen und sie zu verstehen. Indem wir uns wundern, suchen wir nach dem, von dem wir hoffen, daß es auch nach uns sucht. Wir wundern uns über die Liebe und den Sinn des Lebens. Wo ist die Liebe? Worin liegt der Sinn? Gibt es überhaupt einen Sinn? Wir wundern uns über die Sterne, die den endlosen Nachthimmel erfüllen. Wir wundern uns, ob unser Wundern sie erreichen kann. Und wenn es das tut, was bewirkt es? Wir wundern uns über den Schmerz, der uns dazu bringt, den Himmel um eine Antwort zu bitten, und gleichzeitig wundern wir uns darüber, wer wir sind und warum wir existieren.

Wundern kommt von Herzen. Es ist eine unausgesprochene Frage, die Erwartung einer sicheren, doch
fernen Zuflucht. Sie wird durch eine Sehnsucht genährt,
durch unser natürliches Bedürfnis, die Kluft zwischen
dem, was wir bereits fühlen, aber noch nicht ganz
verstehen, zu schließen. Diese innere Sehnsucht wird
nicht eher gestillt, bis sich die Kluft geschlossen hat.
Daher kann unser Wundern letztlich nur durch eine
Offenbarung beantwortet werden. Wir alle kennen
einige dieser seltenen kostbaren Momente, in denen wir
plötzlich den Eindruck haben, wir hätten neue Augen
oder Ohren, Momente, in denen wir das *ganze* Bild vor
Augen haben und in denen durch dieses neue, erweiter-
te Verständnis alle Konflikte enden. Wir haben Einblick
in die innerste Wahrheit des Lebens. In diesen Momenten, so kurz sie auch sein mögen, sind wir befreit – freier
als je zuvor.

Dem Weg des Wunderns sind keine Grenzen gesetzt. Wir können so hoch gehen, so frei sein, wie wir
wollen und das Bedürfnis dazu haben. Das ist der
Schlüssel zur grenzenlosen Macht des Wunderns. Es ist
die Macht *echter* Bedürfnisse. Es gibt jedoch einen
riesigen Unterschied zwischen unseren echten und
unseren vermeintlichen Bedürfnissen. Die folgenden
Punkte solltest du dir ganz besonders zu Herzen nehmen.

Der Verstand kann nur das wollen, was er meint zu
brauchen. Diese mentalen Bedürfnisse sind im Grunde
nur Wünsche, und jeder dieser Wünsche lebt nur
solange wie der Reiz, der ihn vorübergehend zum Leben
erweckt. Danach verschwindet er und wird durch einen
anderen Wunsch ersetzt, dem wir hinterherjagen. So

haben wir beispielsweise oft den Wunsch nach Anerkennung durch unsere Mitmenschen. Das ist jedoch
kein echtes Bedürfnis. Es ist ein Wunsch, der uns ständig
an der Nase herumführt, denn ganz gleich, was wir tun,
wir bekommen anscheinend niemals genug Anerkennung. Dieser Wunsch ist die Triebkraft, die uns dazu
bringt, ständig Kompromisse einzugehen und unser
wahres Wesen zu verleugnen. Er führt zum Verlust der
persönlichen Integrität. Nur um ein Lächeln zu ernten,
verleugnen wir, wer wir wirklich sind. Niemand braucht
mit seiner Seele Kompromisse zu schließen. Wir wollen
hier eine andere Perspektive auf diese Erkenntnis aufzeigen.

Jeder weiß, daß Wünsche im Grunde nie in Erfüllung gehen. Wir wissen jedoch nicht warum. Dies ist
eine wundervolle Frage und Anlaß, sich darüber zu
Wundern. Wie alle Fragen, über die man sich wundern
kann, folgt auch auf diese Frage eine überraschende und
tiefgründige Antwort. Nimm die folgenden Anregungen
zum Anlaß, alte Wünsche durch neue Wunder zu
ersetzen. Die Erfüllung eines Wunsches wird den Wün-
schenden niemals befriedigen können, wenn der Wünschende selbst nicht real ist. Er ist nichts weiter als eine
Gedankenform voller sinnlicher Begierden, die eifrigst
darauf aus sind, sich durch die ruhelose Stillung einer
ohnehin bereits vergangenen Lust für den Moment
Befriedigung zu verschaffen. Vergangenheit und Gegenwart werden sich jedoch niemals treffen können.
Der Wünschende und das Gewünschte werden niemals
miteinander glücklich werden. Das Glück wird ihnen
auf ewig vorenthalten. Diese traurige Geschichte brauchen wir uns jedoch nicht zu eigen zu machen.

Ganz im Gegensatz zu den Wünschen des Verstandes können die Bedürfnisse des Herzens niemals verneint werden. Das ist das Geheimnis aller Geheimnisse. Ein lebendiges Bedürfnis selbst ist Beweis genug, daß das, was gebraucht wird, bereits existiert. Es existiert hier und jetzt und befindet sich direkt in deiner Reichweite. Könntest du ein Bedürfnis nach Wasser haben, wenn seine erfrischenden und lebensspendenden Eigenschaften nicht etwas wären, was du haben müßtest, um zu leben? Könntest du ein Bedürfnis nach Sonnenlicht haben, wenn seine Wärme und seine Kraft nicht bereits auf dich herabscheinen würden? Natürlich nicht. Für uns bedeutet das nichts anderes, als daß unser Bedürfnis nach einer Sache unsere Verbindung mit ihr ist. Versuche einmal, dir das in seiner ganzen Bedeutung klar zu machen. Alles, was du jemals wollen wirst, hängt davon ab. Je größer unser Bedürfnis nach einem grenzenlosen Leben ist, desto wahrscheinlicher werden wir es bekommen.

Die Frage ist und bleibt daher für alle Zeit: Wie können wir diese zarte kosmische Pflanze eines wirklichen Bedürfnisses in uns zum Leben erwecken? Diese Frage bringt uns an einen Kreuzweg. Wir fragen uns, was echte Wunder mit unserem Wundern zu tun haben und wie wir das Geheimnis des Wunderns für uns nutzen können.

Wenn wir glücklich sind, wundern wir uns natürlich nicht darüber, wie wir es geschafft haben, glücklich zu sein. Das hätte keinen Sinn. Wir sind einfach glücklich, und fragen nicht, warum. Wenn unsere Beziehungen blühen und sich entfalten, wundern wir uns nicht, wie wir sie am Leben erhalten können. Wir erfreuen uns einfach an ihnen und freuen uns darauf, daß sie noch lange halten mögen. Unter solchen Umständen haben wir nicht das Bedürfnis nach Glück oder emotionaler Stabilität, denn wir besitzen es bereits – zumindest momentan. Und genau das ist das Problem. Meistens, wenn wir glücklich sind, schwingt in unserem Glück bereits die vage, aber unvermeidliche Erkenntnis mit, daß das Glück nicht von Dauer sein kann. Glück ist nie von Dauer. Was auch immer wir mit dieser Erkenntnis anfangen, wir sollten sie niemals versuchen zu verdrängen, weil sie vermeintlich negativ ist. Ich habe überhaupt keinen Zweifel daran, daß uns noch viel Glück bevorsteht.

Es ist keineswegs negativ zuzugeben, daß wir nicht in der Lage waren, eine dauerhafte Liebe – oder Befriedigung – zu finden, oder daß selbst unsere besten Versuche, unsere Selbstzweifel zu beenden, uns keine Sicherheit geben konnten. Im Gegenteil. Diese seltene und aufrichtige Selbsterkenntnis ist der positivste Schritt, den wir in unserem besten eigenen Interesse machen können. Warum? Weil diese neue Form von Ehrlichkeit über unseren gegenwärtigen Zustand, gleich wie dieser auch aussehen mag, in uns das Bedürfnis erweckt, das zu sein und zu haben, was uns ein echtes Herzensbedürfnis ist. Bedürfnis, echte Notwendigkeit, ist ein unfehlbarer Antrieb, Wundern ist die Brücke dazu. Schauen wir uns an, wie wir uns diese Erkenntnis nutzbar machen können.

Wenn wir zulassen, daß wir uns über eine Trauer oder Sorge wundern, die wir noch nicht bewältigen konnten, geben wir damit zu, wenn auch vorerst nur ganz zögerlich, daß wir nicht mehr sicher sind, was wir überhaupt für Fragen stellen wollen, geschweige denn, nach was für Antworten wir suchen. Die Antwort des Wunderns auf diese bewußte Selbsthinterfragung ist eine neue Art von Süße, die die Bitterkeit unserer scheinbaren Niederlage einfach fortwäscht. Das geschieht jedesmal, wenn sich zeigt, daß die echte Lösung, die vor unserem trüben Blick erscheint, niemals dort zu finden war, wo wir anfangs gesucht haben. Das ist nicht nur eine echte Erleichterung, sondern auch eine echte Rettung. Das Wundern tut seine Wirkung immer dann, wenn wir unsere Bedürfnisse auf das richten, was wir *wirklich* brauchen. Unsere Bedürfnisse wissen, was wir brauchen, und das ist fast immer etwas völlig anderes als das, was wir meinen zu brauchen.

Wenn wir uns beispielsweise darüber sorgen, ob unsere Mitmenschen uns mögen, neigen wir dazu anzunehmen, daß wir uns eleganter anziehen, fröhlicher dreinschauen oder sonstwie mehr Eindruck machen oder Einfluß haben sollten. Wenn wir sehen könnten, daß alle unsere mentalen Antworten, unsere selbstsüchtigen Lösungen, uns niemals haben wirklich befriedigen können, dann könnten wir beginnen, sie loszulassen und anfangen, dem Wunder des Wunderns in unserem Leben mehr Platz einzuräumen. Wenn wir einmal diesen mutigen Schritt fort von unserem üblichen Selbst und unseren alten Wünschen gewagt haben, dann werden unsere echten Bedürfnisse von sich aus anfangen zu fragen und sich wundern, wie sie in unserem Leben einen Platz bekommen können.

Diese wahren Bedürfnisse wissen, daß es Teil unserer neuen Bedürfnisstruktur ist, unsere gesamte Problematik in einem neuen Licht zu sehen, und daß es schon immer für uns ein Problem war, daß wir unbewußt davon ausgegangen sind, selbst zu wissen, was unser Problem ist.

Wenn wir nach Anerkennung durch unsere Mitmenschen streben, wird, wenn wir uns wundern, klar, daß wir niemals andere brauchten, um eine gute Meinung von uns selbst zu haben. Daher werden wir, ganz gleich, wieviel Beifall wir auch ernten, Angst und Selbstzweifel auch nie los. Das tatsächliche Problem war und ist, daß wir an einem schwachen und unbeständigen Teil von uns festhalten, der davon ausgeht, daß er ohne die Zustimmung anderer aufhören müßte zu existieren. Das mag ungewöhnlich klingen, aber es kommt noch besser. Je mehr wir uns wundern, desto mehr erkennen wir, daß wir das Bedürfnis haben, diesen schwachen Teil von uns allmählich absterben zu lassen. Das ist unsere echte Stärke. Nur so können wir uns befreien.

Kannst du den Unterschied sehen? Durch Wundern enthüllen sich uns die Antworten, die wir *brauchen*, und nicht die, die wir *meinen zu brauchen*. Allmählich, während wir mehr und mehr lernen, den Weg des Wunderns zu gehen, wird sich der Abstand zwischen den Antworten, die wir meinen zu brauchen, und den heilsamen Einsichten, die wir wirklich brauchen, verringern. Das ist wahre Harmonie. Nur so kommt unser innerer Konflikt zu einem Ende.

Wenn wir uns wundern, sind wir gewillt,

keine eigenen Schlußfolgerungen zu ziehen
Raum für das Neue zu machen
uns in angenehmer Stille zu entspannen
dem Höheren zu vertrauen
über uns selbst hinauszuschauen

loszulassen
zu brauchen, ohne zu wissen
uns von unserer Intuition leiten zu lassen
mit dem Herzen zu hören
dem Wunderbaren in unserem Leben einen Platz zu
geben.

Es kommt eine Zeit, in der ein unbestimmtes Erwachen die Seele aufrüttelt, das Bewußtsein eines höheren Gesetzes... und das Leiden, das ein Mensch auf Grund der Widersprüchlichkeiten seines Lebens erduldet, ihn herausfordert, die bestehende Ordnung abzulehnen und das Neue anzunehmen. Diese Zeit ist jetzt gekommen.

Tolstoi

Kapitel 2

Öffne dem Wundern das Fenster

Wenn wir uns fragen: »Wie hätte ich das anders machen können?«, spüren wir die ersten vagen Vorboten unseres Wunderns. Allein dadurch, daß wir diese Frage stellen, können wir beobachten, wie zumindest ein Teil von uns im Nachhinein erkennt, daß es einen besseren, intelligenteren Weg gegeben hätte, um mit dem betreffenden Problem umzugehen. Fast immer im Leben, wenn wir einer Herausforderung begegnen oder an einen entscheidenden Punkt kommen, gibt es einen Moment, in dem wir irgendwie wissen oder intuitiv spüren, daß unser innerstes Wesen nach einem besseren Weg verlangt. An dieser Stelle treffen wir jedoch auf ein beinahe unüberwindliches Paradox.

Dieses temporäre Fenster, durch das wir die Möglichkeit einer höheren Entwicklungsstufe erkennen können, öffnet sich für uns nur im Licht eines flüchtigen Augenblicks, in dem wir – wenn auch nur im Kleinen – die Unangemessenheit oder Schwäche unserer vorangegangenen Reaktion erkennen. Dieses Fenster ist unser Zugang zum Wunderbaren. Vor seiner Öffnung zu stehen bedeutet, alles zu erschüttern, was du aus dieser Perspektive vor dir siehst: die Wut, die Schatten endloser Zweifel, alles, was die Schwäche hat entstehen lassen, die vor deinem inneren Auge steht.

Dasselbe Fenster öffnet jedoch auch den Blick auf eine offene und höhere Welt, eine überweltliche Ebene, die frei von allen traurigen und selbstzermürbenden Zuständen ist. Unser Eingang in diese neue Welt hängt einzig davon ab, wie wir uns entscheiden, wenn wir vor dem Fenster des Wunderns stehen. Einige Beispiele aus dem Alltag werden helfen, diesen erstaunlichen neuen Gedanken zu verdeutlichen.

Möglicherweise bist du ein Mensch, der völlig außer Fassung geraten kann, wenn jemand deine Autorität in Frage stellt, bist es aber leid, jedesmal völlig die Beherrschung zu verlieren, wenn dich jemand unerwartet provoziert. Außerdem beginnst du zu merken, daß du, wenn du so schnell außer Fassung gerätst, vielleicht doch nicht so beherrscht bist, wie du meinst. Und so fängst du an, dich zu wundern: Ist meine Dünnhäutigkeit und mein Zorn eine Stärke, auf die ich mich verlassen kann, oder ist es vielmehr eine Schwäche? Kann es sein, daß es eigentlich nichts weiter ist als mein eigenes Mißverständnis, das mich außer Fassung bringt?

Möglicherweise wirfst du einem Freund oder einer Geliebten in einem Augenblick der Angst oder Frustration ein hartes Wort an den Kopf. Vielleicht denkst du, daß eine Person, auf die du angewiesen bist, dich zurückweisen will. Also holst du lieber gleich zum Erstschlag aus, um dich davor zu schützen, verletzt zu werden. Indem du das tust, verursachst du selbst den Verlust, den du befürchtet hast. Und dann kommt der Moment, jenes Fenster inmitten deines Unglücks, und du wunderst dich plötzlich, ob du nicht vielleicht vor langer, langer Zeit von etwas *in dir selbst* betrogen worden bist und vielleicht deshalb immer wieder dieselben traurigen Szenen durchlebst. Plötzlich, vielleicht aber schon zum tausendsten Male weißt du in deinem Herzen, daß du es hättest anders machen sollen. Und etwas anderes wird in diesem Augenblick ebenfalls klar. Du weißt nicht, wie du es anders *tun* sollst, weil du nicht weißt, wie du anders *sein* kannst.

Nun ist für einen Moment ein machtvolles, echtes Bedürfnis vorhanden, aber nur für einen Moment, und das Fenster des Wunderns öffnet sich.Du weißt, daß du dein gesamtes Leben verändern mußt, aber weißt nicht wie. Enorme Kräfte werden in dir wach. Du fühlst ihre machtvolle, beunruhigende Gegenwart.

Aber genau in diesem kritischen Moment, in dem das Fenster des Wunderns weit geöffnet ist und alle notwendigen Elemente für eine wahre Verwandlung deines Wesens vorhanden sind, taucht ein böses Element auf, das immer in solchen Augenblicken die Gelegenheit ergreift, um das Potential dieser magischen Konstellation zu ruinieren. Angst kommt auf.

Die Angst folgt unserem Bedürfnis nach Erneuerung auf dem Fuße, so, wie ein hungriger Löwe einer jungen Gazelle nachschleicht. Die Angst kann es sich nicht leisten, uns entkommen zu lassen, und lauert uns auf, weil sie spürt, daß wir uns dem wahrhaft Neuen nähern. Folgender Gedanke sollte dich wundern machen: In einem flüchtigen Moment höheren Bewußtseins, wenn du deutlich sehen kannst, daß du nicht wirklich weißt, wie du im Leben über deine alten Probleme hinwegkommst, entsteht gleichzeitig das Bedürfnis nach Wesenserneuerung wie auch die Angst davor. Das ist der Moment der Wahrheit. Du mußt lernen, wie du dich für das Neue entscheiden kannst. Jede andere Entscheidung resultiert aus Angst.

Aber wie kannst du diese wahre, neuartige Entscheidung für dich verwirklichen? Indem du dich weigerst, dich für das zu entscheiden, was dir *bekannt* vorkommt. Hier ist die Erklärung für diese ungewöhnliche, Wunder hervorbringende Tatsache:

Die Angst, die in uns steckt, muß ganz schnell einen Weg finden, um das erwachende Bedürfnis nach dem Neuen in uns in Schach zu halten. Sie spürt unsere zeitweise Empfänglichkeit für den Ruf des kosmischen Lebens. Sie weiß, wenn unser Wundern widerspruchslos Raum gewinnt, werden wir bald anfangen, uns zu wundern, warum wir uns überhaupt jemals in unserem Leben von Angst haben leiten lassen. Also wird die Angst, um das Fenster der Möglichkeit wirklicher Befreiung wieder zu schließen, uns rasch, aber bestimmt ihre eigenen bekannten Lösungen anbieten, die unsere Selbstzweifel und Unsicherheit beseitigen sollen. Diese scheinbar angenehmen, aber alle Möglichkeiten verschließenden Antworten kann man daran erkennen, daß sie immer wiederkehren. Wir wiederholen sie wieder und wieder, denn die bekannten Antworten stammen von derselben niedrigen Ebene, die auch schon unsere Probleme hervorgebracht hat.

Jetzt folgt eine noch wichtigere Lektion. Die bekannten Lösungen sind niemals in der Lage, unsere Probleme wirklich zu lösen, sie verschieben sie lediglich. Das ist jedoch ein himmelweiter Unterschied. Ein Problem zu verschieben heißt, es *nicht* zu lösen – es sei denn, wir glauben immer noch, daß wir unser Herzklopfen wegen eines beunruhigenden nächtlichen Geräusches dadurch besänftigen können, daß wir unter unsere Bettdecke kriechen. Es hilft nichts. Auch unter der Decke wird unser Herz nicht aufhören zu klopfen, denn eine temporäre Beseitigung dieses und aller anderen Probleme ist nicht geeignet, die Problematik aufzudecken. Und was man nicht sieht, kann man auch nicht lösen.

An dieser Stelle kann es hilfreich sein, einige der üblichen, immer wiederkehrenden Scheinlösungen vorzustellen, an denen wir anscheinend alle immer noch hängen. Je besser wir uns verdeutlichen können, daß diese Lösungen nachweislich nur scheinbar funktionieren, desto schneller wird es uns gelingen, sie fallenzulassen. Der Freiraum, den solche Scheinlösungen hinterlassen, kann dann von dem elementaren Bedürfnis nach etwas Neuem gefüllt werden. Das Fenster des Wunderns tut sich auf.

Du kannst die Liste später nach Belieben erweitern. Ich empfehle dies dringend. Zuerst solltest du dir jedoch die Zeit nehmen, dich über jedes der angegebenen Beispiele ausgiebig zu wundern. Besonders hilfreich ist es, wenn du Parallelen zu ungelösten, ständig wiederkehrenden Problemen in deinem eigenen Leben entdecken kannst. Achte von jetzt an auch besonders darauf, daß das Wundern niemals Schwierigkeiten bereitet. Laß nicht zu, daß du in Traurigkeit, oder Selbstvorwürfe verfällst oder meinst, du seist weniger intelligent als andere. Der Schatten deiner Persönlichkeit kann noch so düster sein, mit deinem wahren Wesenskern hat das nichts zu tun. Um dir das besonders zu verdeutlichen, kannst du als kleines Mantra in Gedanken folgenden Spruch bewegen:

Wundern enthüllt,
was Angst verbirgt.

Schauen wir uns einige typische, immer wiederkehrende Scheinlösungen an.

Zehn Scheinlösungen

1. zu sagen: »Tut mir leid«
2. etwas nicht wahrhaben zu wollen
3. Niederlagen hinzunehmen
4. Rachegedanken zu hegen
5. endlose Erklärungen zu verbreiten
6. Schuldzuweisungen auszuteilen
7. das Gefühl haben, nichts wert zu sein
8. sich als Opfer zu fühlen
9. wütend zu werden
10. zu hoffen, daß morgen alles anders wird.

Dieser Liste von wirkungslosen, aber allzeit leicht verfügbaren Reaktionen wollen wir nun noch einige Eigenschaften hinzufügen, die allen Scheinlösungen gemeinsam sind. Nach den Charakteristika jeder einzelnen Scheinlösung findet sich jeweils eine spezielle Erläuterung, die dir helfen kann, das Problem wirklich anzugehen und zu lösen, anstatt immer im Kreis herumzulaufen und dieselben Verdrängungsmechanismen ständig zu wiederholen.

Ständig wiederkehrende Scheinlösungen

1. *Sie sind immer sofort verfügbar:*
Unsere sämtlichen mentalen und emotionalen Reaktionen sind eine Fortsetzung des Problems. Sie
können daher niemals eine Lösung sein. Reaktionen sind niemals Lösungen.

2. *Sie machen keine Mühe:*
Es ist immer leichter, sich treiben zu lassen. Es ist
jedoch eine äußerst trügerische Form von Gedankenlosigkeit, wenn man sich von den Ereignissen
treiben läßt. Ein Stein, der den Abhang hinunterrollt,
kann zwar einen enormen Schwung bekommen,
aber seine Zusammenstöße beweisen, daß er keinerlei Kontrolle über seine Richtung hat.

3. *Sie üben eine beruhigende Wirkung aus:*
Wenn wir an unserer Sichtweise des Problems und
unserem Erkenntnisstand festhalten, mag das zwar
vorübergehend beruhigend sein. Langfristig jedoch
nützt es gar nichts, denn dasselbe Denken hat uns ja
das Problem überhaupt erst beschert.

4. *Sie bestätigen altes Rollenverhalten:*
Ein großes Problem, wenn du im Spiel deiner eigenen Gedanken die Hauptrolle spielst, besteht darin,
daß du sie niemals aufgeben möchtest, um dir keine
Gedanken über eine neue Rolle machen zu müssen.

5. *Sie weisen immer in dieselbe Richtung:*
Wenn wir uns von unserer Gedankenlosigkeit leiten
lassen, gehen wir garantiert in die Irre.

Es ist höchste Zeit, daß du in deiner Vorbereitung darauf,
das Wunderbare in dein Leben zu lassen, den nächsten

Schritt wagst. Du hast bereits zahlreiche höchst wir-
kungsvolle und faszinierende Fakten über die Welt des
Wunderns sammeln können. Nun kommt es darauf an,
deine Einsichten zu deinem Wohl zu nutzen.

> *Die Religionen versuchen seit Jahrhunderten die Menschen
> dazu zu bringen, permanent das Wunder der Schöpfung zu
> preisen. Sie vergessen dabei lediglich, daß kein vernünftiges
> Ding immer nur wundervoll sein kann.*

G. K. Chesterton

Kapitel 3

Wie das Wundern helfen kann, schmerzhafte Gewohnheiten zu beseitigen

Wir haben festgestellt, daß sich unser Leben so lange in unsichtbaren Kreisen bewegt, wie wir zulassen, daß wir auf unsere wirklichen Bedürfnisse in gewohnten Mustern reagieren. Die Richtung, in die wir uns bewegen müssen, geht nach *oben*, nicht im Kreis herum. Um uns in dieser neuen, vertikalen Richtung zu bewegen, müssen wir mit dem höheren Teil unseres wirklichen Wesens in Kontakt kommen. Nur dieser besitzt die Macht, unser wahres Selbst zu enthüllen. Selbsterkenntnis ist Bewegung nach oben.

Es gibt keine vorgezeichneten Wege zu der spontanen Ebene vollkommenen Verständnisses. Das ist eines der vielen Geheimnisse, die diesen Ort umgeben. Ein anderes ist, daß man ihn nicht aufsuchen kann. Statt dessen wird in dem Augenblick, in dem alles in uns bereit ist, die Ebene von selbst zu uns kommen. Sie eröffnet uns bei ihrer Ankunft das einzige Geschenk, das wir von ihr erhalten können: Wesensharmonie durch Verständnis des Höheren Selbst. Wir können daran bereits sehen, daß das Wundern etwas völlig anderes ist, als alles, was wir jemals zuvor versucht haben. Der ungewöhnliche, himmelwärts gerichtete Kurs, auf den wir uns begeben, wird von überweltlichen spirituellen Prinzipien bestimmt, die angesichts unserer alltäglichen Gedanken überhaupt keinen Sinn zu ergeben scheinen. So wird beispielsweise unser Erfolg bei der Beschäftigung mit dem Wundern letztlich nicht durch das bestimmt, was wir tun, sondern durch das, was wir *nicht* tun.

Diese seltsame Vorstellung von Tatenlosigkeit bedarf einer näheren Erläuterung. Dazu sollten wir uns ins Gedächtnis rufen, daß wir festgestellt haben, warum es am klügsten ist, alte Lösungswege abzulegen, die unsere Fragen nur hinausschieben, und uns statt dessen neuen und wahrhaftigen Einsichten öffnen, die unsere Probleme wirklich lösen können. Wenn wir das bei unserer Beschäftigung mit dem Wundern beachten, können wir an dieser Stelle etwas Entscheidendes lernen: Das erste, was wir angesichts einer Schwierigkeit oder einer emotionalen Notlage *nicht* tun dürfen, ist, uns sofort zu sagen, was wir zu tun haben.

Dies ist eine ausgezeichnete Stelle, um einen Augenblick innezuhalten. Es gibt einen sehr wichtigen Punkt, den du zur Kenntnis nehmen solltest. Sehr oft auf unserem Weg des Wunderns, auf dem Weg zum Höheren, begegnet uns etwas, was auf den ersten Blick wie eine hoffnungslose Sackgasse aussieht. Verwirrung und Zweifel werden unsere Gedanken trüben, und es wird den Anschein machen, daß es keinen Ausweg mehr gibt. Das ist jedoch ein höllisches Trugbild, und du solltest dich davon nicht beeindrucken lassen.

Ein solcher vorübergehender, beängstigender innerer Zustand ist nicht nur in Ordnung, sondern geradezu unerläßlich für unser spirituelles Wachstum. Wie sonst könnten wir die wundervolle Entdeckung machen, daß wir nur dann, wenn wir an das Ende unserer eigenen Weisheit und aller selbst fabrizierten Antworten kommen, auf den Anfang von etwas stoßen können, das wir *nicht* sind? Darin besteht die Schönheit und die unvergleichliche Magie des Wunderns. Was wir brauchen, ist die Berührung von etwas, das nicht Teil des verborgenen Kreislaufes unseres Selbst ist. Um diesen Kontakt herzustellen, ist es notwendig, uns restlos klar zu machen, daß alles Handeln, das aus dem Zirkel unseres eigenen Wesens kommt, dazu führt, daß wir weiterhin orientierungslos im Dunkeln tappen.

Dieses untätige Verfahren mag vielleicht auf den ersten Blick etwas Beunruhigendes haben. Aber schon nach den ersten praktischen Erfahrungen wird sich sehr schnell herausstellen, daß unsere Entscheidung, es einmal mit dieser neuen Art von spirituellem Nicht-Handeln zu versuchen, die richtige war. Folgende Fakten unterstützen dies:

1. Wir kennen die wirklichen Lösungen nicht, ansonsten würden wir nicht immer wieder dieselben Probleme haben.

2. Wir kennen die wirklichen Probleme nicht, ansonsten würden wir nicht immer wieder auf dieselben untauglichen Lösungen verfallen.

Es ist ganz wichtig, daß wir sooft wie möglich an die Wohltaten erinnert werden, die uns jedesmal zugute kommen, wenn wir eine solche ehrliche Bestandsaufnahme wagen. Warum ist es gut, sich seine gegenwärtige schmerzliche Verfassung bewußt zu machen? Weil es unser Mangel an Bewußtsein ist, der uns überhaupt in eine solche Lage gebracht hat. Unsere gewohnheitsmäßigen Reaktionen sind alle Teil der unbewußten Verhaltensmuster, in denen wir gefangen sind. Daraus folgt: Je klarer wir uns die Erkenntnis verdeutlichen können, daß wir nicht wissen, wie wir die ständig wiederkehrenden traurigen Situationen in unserem Leben lösen sollen, desto mehr werden wir in die Lage versetzt, unseren Entschluß, *nicht* zu tun, was wir für richtig halten, in die Tat umzusetzen.

Wenn es uns gelingt, unser neues, wahres Verständnis unseres eigenen Wesens zum Maßstab zu machen und unsere Neigung, uns in unserem Denken immer mechanisch auf das Bekannte zu beschränken, ablegen, eröffnet sich uns ein völlig neues Terrain, aufregend und voller Wunder. Es ist, als befändest du dich gleichzeitig in einem unbeweglichen Gegenstand und in einer unwiderstehlich vorwärtsdrängenden Kraft. Unsere neue innere Haltung – angesichts unseres Dilemmas nicht tätig zu werden – kann den Anschein erwecken, als würden wir zwischen zwei mächtigen Steinen zerrieben. Wir brauchen uns jedoch keine Sorgen zu machen. Dieser Zustand ist ebenso gut wie notwendig. Das unangenehme Gefühl, zerrieben zu werden, rührt daher, daß wir einerseits aufgrund der Situation im Zugzwang stehen, aber andererseits nicht mit Hilfe unseres gewöhnlichen eigenen Denkens vorgehen können. Wir haben das Bedürfnis, zu wissen wie, aber wir wissen es nicht. Diesen Moment haben wir ein Leben lang zu vermeiden gesucht: keine passende Antwort zu haben, um die Dinge zu erklären, und nicht zu wissen, wie man sich in Sicherheit bringen kann.

Alles, was wir bisher zusammen über das Wundern gelernt haben, war dazu gedacht, uns bis an diesen Punkt in unserer Entwicklung zu führen. Vergiß nie, daß das Wesentliche ist, nichts zu ändern. Jeder Selbstrettungsversuch, zu dem wir uns angesichts dieses Fensters des Wunderns getrieben fühlen, würde es sofort wieder verschließen. Psychologisch ausgedrückt, müssen wir bereit sein, es auszuhalten, einfach dazusein und tapfer in das hineinzuschauen, was uns wie eine große Leere vorkommt. Wenn wir jedoch dastehen und uns wundern – anstatt umzukehren und uns Sorgen zu machen – wird etwas Unglaubliches direkt vor unserem inneren Auge geschehen. Zu unserem ewigen Erstaunen werden wir sehen, daß das, was wir immer für das beängstigende Unbekannte gehalten hatten, in Wirklichkeit die Unendlichkeit des Geistes ist.

Diese selbstbefreiende Entdeckung wird uns jedesmal zuteil, wenn wir in den beängstigenden Zeiten, in denen wir das Gefühl haben, die Welt bricht über uns zusammen, nicht aufhören, uns zu wundern. Das einzige, was zusammenbricht, ist unser eigener ständig wiederkehrender Kreislauf von Gedanken und Gefühlen, den wir, ohne uns dessen bewußt zu sein, aus Gewohnheit als unser Selbst bezeichnen. Es ist die Einsicht, die aus dem Wundern kommt, welche diesen Kreislauf durchschaut und ihn mit ihrem Licht zerbricht. Verdeutliche dir die befreiende Wirkung der folgenden Einsicht: Das unangenehme Gefühl, es nicht zu überleben, wenn es dir nicht gelingt, etwas Bekanntes zu unternehmen, *ist lediglich ein Gefühl*, in Wirklichkeit geschieht gar nichts.

Das Gefühl, unterzugehen, wenn man nichts tut, hat seine Ursache und gehört zu dem begrenzten, niederen Teil von uns, der das Gefühl hat, er muß seine Augen von dem Fenster des Wunderns abwenden. Er weiß, daß früher oder später das Wundern dein Bewußtsein ergreifen wird, wenn es ihm nicht gelingt, dich dazu zu bringen, eine seiner glänzenden, aber wirren Schlußfolgerungen zu übernehmen. Das Wundern wird mit seiner klärenden Kraft und seiner erhellenden Einsicht dein Bewußtsein erfüllen. Im selben Moment wirst du von Glück und Offenbarung ergriffen.

Der beste Weg zur Wahrheit ist, die Dinge so zu betrachten, wie sie sind, und nicht so, wie wir schließen, daß sie zu sein hätten, wie wir sie uns vorstellen oder wie wir von anderen gelehrt wurden, sie uns vorzustellen.

John Locke

Kapitel 4

Der wunderbare Keim einer neuen Kraft

Wundern ist etwas, das niemandem Angst zu machen braucht. Auch gibt es nichts, worüber man sich nicht wundern könnte. Immer wenn du das Bedürfnis hast, etwas in Erfahrung zu bringen, brauchst du dich nur darüber zu wundern, und schon wirst du eine Antwort erhalten.

Wirkliches Wundern kennt keine Angst, es fürchtet nichts. Laß dein Wundern so tief und so weit gehen, wie es will – und dann noch ein Stück weiter.

Jedesmal, wenn du eine neue Einsicht gewonnen hast, wirst du dich natürlich fragen, was du noch alles mit Hilfe des Wunderns in Erfahrung bringen kannst. Was gibt es noch zu entdecken? Auf diese Weise wird sich dein Innerstes, dein wahres Leben, vor deinen Augen zu entfalten beginnen. Du wirst dir von Tag zu Tag sicherer und wirst erkennen, daß dein Leben schon immer als eine Reise ins Unbekannte gedacht war.

Wir sollten jedoch nicht versäumen, dir zumindest eine Warnung mit auf den Weg zu geben. Ansonsten könntest du leicht in eine trügerische Falle gehen, die dir deine Angst stellen kann. Achte bitte besonders auf die folgende spirituelle Tatsache. Im Gegensatz zu gewöhnlichen Gefahren, die immer dann auftreten, wenn wir etwas riskieren, ist besteht die einzige wirkliche Gefahr auf dem Weg in unser neues Wunder-volles Leben darin, daß wir *keine* Risiken eingehen könnten. Achte darauf, wie dieser seltsame Gedanke klarer wird, wenn wir erklären, was genau es ist, das wir bereit sein müssen zu riskieren. Das Risiko daß wir eingehen müssen, ist, daß wir es wagen, angesichts unserer eigenen Angst zu lachen. Wir müssen uns gestatten, uns über unsere eigenen Schwächen zu wundern – trotz der verzweifelten Versuche unserer eigenen Angst, uns vom Gegenteil zu überzeugen.

Damit habe ich jedoch keinesfalls gemeint, daß du dich wegen seiner Schwächen schlecht fühlen soll. Es ist auch nicht meine Absicht, Selbstmitleid oder nachträgliche Vorwürfe zu akzeptieren. Wir sollten uns lediglich über unsere Schwächen wundern. Das heißt, daß wir mit der äußerst persönlichen, unausgesprochenen Frage zu leben beginnen, die sich in uns bildet, weil wir das *Bedürfnis* haben, stark zu sein, aber nicht wissen wie.

Zögere also nicht lange. Erlaube dir uneingeschränkt, dich über deine Schwäche zu wundern, gleich welche Form sie annimmt. Wundere dich über deine Lustlosigkeit, über deine Sorgen, über deinen Schwermut oder über deine dauernde Angst. Wundere dich über grausame Gedanken und über gedankenloses Handeln, über deine Eifersucht und deine Verbitterung. Wundere dich über deine Abneigungen und dein schlechtes Gewissen, über deine Ängstlichkeit und deine Wut, die sich niemals selbst in Frage stellt. Gehe das Wagnis ein, dich über alle schmerzlichen, selbstrechtfertigenden Angewohnheiten zu wundern, die dich spürbar behindern und deine Tage verderben. Hab keine Angst! Möglicherweise redest du zuviel, oder du hast Schwierigkeiten, Freunde zu finden.

Oder du fühlst dich immer betrogen. Wo auch immer deine Selbstzweifel liegen, setze sie der Kraft des Wunderns aus und sieh, was passiert.

Achte darauf, daß du nicht am Negativen festhältst. Das ist ganz und gar nicht unsere Absicht. Wir tun dies ohnehin dauernd, ohne es zu wissen, indem wir die inneren Zustände, die uns selbst peinlich sind, nie wahrhaben wollen und uns nie bewußt machen. Diese höhere Einsicht ist einer der Gründe, warum Jesus Christus seinen Jüngern den schönen, aber wenig verstandenen spirituellen Hinweis gab, daß Sie sich »dem Bösen nicht widersetzen« sollen. Er sagte allen, die Ohren haben zu hören, daß ihre Schwächen in Wirklichkeit gar keine Schwächen sind, sondern nur ihre Angst, sie zu sehen, sie als solche erscheinen läßt. Das ist eines der Konzepte, die man mit dem Kopf allein niemals begreifen kann. Nur ganzheitliche Einsicht kann ihre Bedeutung enthüllen.

Mein spiritueller Lieblingsautor, Vernon Howard, hat das überweltliche, sich ständig vertiefende Prinzip des Nicht-Widersetzens gegenüber dem Bösen noch weiter verdeutlicht, indem er gesagt hat: »Der Widerstand gegen die Störung ist die Störung«.

Für unsere Beschäftigung mit dem Wundern heißt das, sobald wir beginnen, uns über eine unserer Schwächen lieber zu wundern, als mit ihr zu leben und das heimliche schlechte Gewissen, das von ihr ausgeht, zu verdrängen, sind ihre Tage gezählt. Das ist die Wahrheit. Und die Wahrheit ist etwas, was unsere Ängste unbedingt vor uns verheimlichen wollen. Aber jetzt wissen wir es. Wenn wir die Wahrheit in unser Leben lassen und ihr bis zum Ende folgen, dann wird am Ende alles gut.

Wer würde eine Schwäche nicht lieber vergessen, als ihr auch noch Aufmerksamkeit zu schenken. Aber eine Schwäche zu vergessen ist ebenso töricht wie bei einem Regenguß zu vergessen, daß man nicht dazu gekommen ist, das Loch im Dach zu reparieren. Es funktioniert nicht. Und jegliche Tendenzen, die uns dazu neigen lassen, unsere Augen zu verschließen und zu verdrängen, daß wir psychisch kompromittiert wurden, sind ebenfalls nur ein Teil der betreffenden Schwäche. Unsere Schwächen verlassen sich auf unsere Verdrängung, die ihnen hilft, außer Sichtweite zu bleiben und nicht dem Licht unseres Bewußtseins ausgesetzt zu werden. Wir können lernen, es besser zu machen. Vorher müssen wir jedoch noch eine wichtige innere Verbindung zu einem anderen Thema herstellen.

Erinnerst du dich, was wir über den Unterschied zwischen der Verdrängung und der Lösung einer Störung gesagt haben? Die Verbindung besteht darin, daß wir, wenn wir lernen, uns über unsere eigenen Schwächen zu wundern, damit die heilenden Einsichten, die wir brauchen, um sie zu sehen, geradezu einladen. Jedesmal, wenn wir etwas Neues an uns entdecken, werden wir ein bißchen stärker. Und das liegt daran, daß wir mit unserer Bereitschaft, uns zu wundern, immer näher an den wahren Grund der Schwäche herankommen. Mit unserer Einsicht kommen wir gleichzeitig der höheren Intelligenz ein Stück näher, deren Licht uns unsere Schwäche erstmals hat sehen lassen. Die Gegenwart dieser Intelligenz wird schließlich dazu führen, daß unsere Schwäche ganz verschwindet. Nur so können wir unsere Probleme wirklich lösen und zu ganzheitlichen Menschen werden.

Sicherlich werden unsere Ängste uns immer im Nacken sitzen und manchmal unüberhörbar sein. Sie werden uns einflüstern – und uns manchmal geradezu anschreien –, daß es gefährlich ist, sich hier, vor dem geöffneten Fenster des Wunderns, aufzuhalten. In Wahrheit wird jedoch nichts weiter von uns erwartet, als es zu wagen, unsere permanente verborgene Unsicherheit zu verlieren. Aus diesem höheren Blickwinkel betrachtet, erscheint die Frage plötzlich ganz einfach. Es ist, als würde man nicht wagen, einen Kopfschmerz zu verlieren.

Unsere Angst hat jedoch noch viele andere düstere, beängstigende Taktiken auf Lager, um uns voller Sorgen, statt voller Wunder sein zu lassen. Über allem schwebt unsere Angst. Sie möchte uns glauben machen, daß in dem Augenblick, wenn wir unsere inneren Ängste bewußt machen, von uns nichts übrig bleibt als ein zitterndes Nervenbündel. Das ist jedoch nichts weiter als eine ihrer schamlosen Lügen. Nichts könnte weiter von der rettenden Wahrheit entfernt sein. Bewußt eine Schwäche anzuerkennen und sich bewußt zu sein, daß man nicht weiß, wie man ihre lästige Gegenwart beseitigen soll, heißt noch lange nicht, daß wir damit ein für alle Mal unser Scheitern anerkennen und akzeptieren. Das Gegenteil ist der Fall. Das ständige Bewußtsein der eigenen Fehler ist der Keim für eine neue Stärke. Versuch es und sieh, wir gut es tun kann und wieviel es dich der Wahrheit näherbringt.

Unsere Bereitschaft, uns unsere Schwächen bewußt zu machen, geht Hand in Hand mit dem Bewußtsein, daß wir einer Kraft bedürfen, die nicht unsere eigene ist. Dieses neue, bewußte Bedürfnis ist nichts anderes als bewußtes Beten. Wenn wir der Versuchung widerstehen, selbst unser Gebet zu beantworten, indem wir unseren eigenen Vorstellungen davon folgen, was es heißt, stark zu sein, dann wird unser Bedürfnis selbst uns die Antwort auf unser Gebet geben. Nur dann werden wir das bekommen, was uns zusteht. Darin besteht das große Geheimnis. Die große Kraft, die wir brauchen, kommt ständig auf uns zu. Aber sie ist niemals das, was wir erwartet haben. Und darin besteht das Wunder.

Jemand, der die Regeln der Weisheit kennenlernt, ohne sich in seinem Leben nach ihnen zu richten, ist wie ein Mann, der auf dem Feld arbeitet, aber nicht die Saat ausbringt.

Saadi

Kapitel 5

Die Brücke des Wunderns – ein Schritt in ein neues Leben

Immer wenn ich in einem meiner Vorträge oder Seminare das Thema »Arbeit mit Wundern« anschneide, provoziere ich damit eine Vielzahl von interessanten und wundersamen Fragen. Oft regen meine Antworten zum Thema die Zuhörer zu weiteren Fragen an, so daß sie am Ende des Seminars mehr Fragen haben als am Anfang. Selbst wenn das anfänglich etwas beunruhigend erscheint, finden alle Teilnehmer dieser lebhaften Diskussionen für sich heraus, daß es für ihre seelische Entwicklung und ihr Wohlergehen wesentlich ist, das Wunder des Wunderns in ihr Leben einzubeziehen.

Ich hatte den Eindruck, daß es hilfreich ist, wenn wir diesem Kapitel einige der aufschlußreichen Fragen und Antworten voranstellen. Wie gesagt, kann es durchaus sein, daß du dich über einige der folgenden Passagen wunderst. Falls das so ist, halte es einfach in Gedanken oder in anderer Form fest und komm später noch einmal darauf zurück.

Frage: Ich habe das Gefühl, daß ich so viele Bedürfnisse habe. Woher soll ich wissen, welche meine echten und welche die falschen Bedürfnisse sind?

Antwort: Unsere echten Bedürfnisse sind immer sehr einfach: das Bedürfnis, freundlich zu sein, frei, stark, spirituell reif zu sein, die Liebe zu kennen. Diese wirklichen Bedürfnisse erfüllen sich wie von selbst. Je mehr sie sich erfüllen, desto vollständiger werden wir. Unsere Wünsche auf der anderen Seite werden immer größer, je *mehr* wir sie erfüllen.

Frage: An einer Stelle sagtest du, daß der Erfolg beim Wundern davon abhängt, was wir *nicht* tun. Das erscheint mir sinnvoll, wenn es darum geht, den Teufelskreis der Selbstrechtfertigung zu durchbrechen. Aber wie hängt diese ungewöhnliche Idee mit dem Wundern selbst zusammen? Gibt es Bereiche des Wunderns, auf die man sich lieber nicht einlassen sollte?

Antwort: Beim Wundern kommt es hauptsächlich darauf an, wo wir innerlich stehen. Vergiß nicht, daß wahres Wundern aus der Einsicht kommt, daß es etwas gibt, was wir nicht wissen, aber von dem wir das Bedürfnis haben, es zu wissen, falls wir jemals dauerhafte Zufriedenheit und Glück finden wollen. Das heißt, daß wir auf unserer Suche nach neuen Lösungen niemals wagen sollten, zu versuchen, ihnen Namen zu geben. Die folgenden Beispiele werden diesen wichtigen Unterschied verdeutlichen:

Es ist immer spirituell weise,

sich zu wundern, warum Dinge so bleiben, wie sie sind, oder sich verändern – nur nicht, wenn sie gerade anfangen, sich zu ändern.

sich über sich selbst zu wundern – aber nicht aus sich selbst heraus.

sich zu wundern, was hinter dem Bekannten liegt – aber nicht ins Bekannte hinein.

sich über jede Erwartung zu wundern – aber nicht darauf zu warten, daß sie erfüllt wird.

sich darüber zu wundern, wie man sich für das Neue öffnen kann – aber nicht auf die alte Weise.

Frage: Ich habe oft das Bedürfnis, mich zu beeilen, wenn ich wegen irgend etwas im Streß bin. Was soll daran verkehrt sein, Dinge auf die Schnelle zu erledigen?

Antwort: Wir müssen lernen, ohne das *Sofortige* zu leben, wenn wir wollen, daß das Wundern uns das *Ganze* erschließen soll.

Frage: Wenn ich mir einen Baum anschaue, einen Computer oder eine Kaffeemaschine, begreift mein Verstand sofort, worum es sich dabei handelt, ohne daß ich lange darauf warten muß. Wenn ich mich jedoch mit einigen spirituellen Disziplinen beschäftige, wie etwa der des Wunderns, dann dauert es meistens ziemlich lange, bis ich zu einem Verständnis komme – falls es überhaupt soweit kommt. Was ist das für eine Verzögerung? Kannst du mir helfen, dieses Problem zu verstehen?

Antwort: Ja. Du hast da eine wichtige Frage gestellt. Sie hat damit zu tun, warum wir lernen müssen, unsere bekannten Antworten beiseite zu lassen und auf das Wunder zu warten, das uns eine höhere Einsicht bringen kann. Die Lücke zwischen dem, was wir wissen, und dem, was wir wissen müssen, um stark und glücklich zu sein, kann nicht mit Hilfe unseres derzeitigen Verständnisses geschlossen werden. Du mußt versuchen, dir das klar zu machen. Wenn sie es könnte, dann gäbe es gar keine Lücke. Unser gegenwärtiges Verständnis würde uns bereits erfüllen und glücklich machen können. Wir können mit Hilfe unseres eigenen Denkens keine Brücke zu der wundervollen Welt über uns schlagen. Unser Denken kann nicht über seinen eigenen Schatten springen.

Frage: Wie soll es uns dann gelingen, dieses neue Verständnis zu erreichen?

Antwort: Du mußt zulassen, daß es zu dir kommt.

Frage: Aber woher soll ich wissen, wenn es soweit ist? Und woher weiß das Verständnis, wann wir bereit sind?

Antwort: Wahres Verständnis spürt, daß du bereit bist für wirkliche Lösungen, sobald du weißt, daß du nicht mehr selbst den Weg bestimmen kannst. Diese nicht gedanklich faßbare Offenbarung kommt gleichzeitig mit dem Bedürfnis nach echter Weisheit. Es ist deine Einladung an sie, mit dir Kontakt aufzunehmen. Das Wundern trägt dazu bei, daß wir eine Brücke ins Überweltliche bauen, aber nur die Wahrheit kann die Brücke vollenden. Nur mit Hilfe der Wahrheit kann das notwendige Verständnis in Form neuer Einsichten in uns einfließen.

Frage: Was geschieht, wenn ein Mensch nicht die Kraft hat, seine eigenen Lösungen hintenanzustellen? Wie soll es ihm gelingen, wenn er nicht die Geduld aufbringt, darauf zu warten, daß das neue Bedürfnis sein Wundern erweckt?

Antwort: Das einzige, was die Wahrheit von uns verlangt, ist, daß wir sie allen anderen Dingen vorziehen. Wir alle machen denselben Fehler, indem wir meinen zu wissen, wie man Erfolg hat. Wir wissen es nicht. Wir können es überhaupt nicht wissen. Es ist nicht unsere Aufgabe, Erfolg zu haben. Unsere Aufgabe ist es, das Bedürfnis nach mehr Licht zu haben, nicht, es zu erschaffen. Wenn wir unseren Teil beitragen, wird die Wahrheit ihren Teil tun.

Frage: Wie kann es sein, daß ein paar neue Einsichten mir die Kraft geben sollen, die mich von meinen Schwächen heilt? Verständnis ist sicher notwendig, doch bedarf es nicht etwas mehr, um wirklich stark zu sein?

Antwort: Eins nach dem anderen. Nur die höhere Einsicht kann dir zeigen, daß Schwäche und Traurigkeit eigentlich nicht zu dir gehören.

Frage: Und zu wem gehören sie dann, wenn nicht zu mir?

Antwort: Schwächen gehören eigentlich zu niemandem. Alle selbst verursachten Leiden kommen aus unserer unbewußten Identifikation mit falsch verstandenen Glaubensansichten und kopflastigen Vorstellungen darüber, wer wir sind und was wir brauchen, um glücklich zu sein.

Frage: Kannst du mir ein Beispiel für diese irrigen Vorstellungen geben, einen konkreten Anhaltspunkt? Ich würde wirklich gern verstehen, was du damit meinst.

Antwort: Wir glauben alle, daß wir, um glücklich zu sein, viel Geld, eine gute Stellung oder gesellschaftliche Anerkennung brauchen. Diese unhinterfragte Annahme führt dazu, daß wir uns ständig gut verkaufen müssen und versuchen, es anderen recht zu machen. Wir sollten diese Ketten lieber von uns werfen, statt sie auch noch zu vergolden. Wirkliche Einsicht führt uns die Wahrheit über unsere Situation vor Augen, und wenn wir die Wahrheit sehen, werden wir frei.

Frage: Ich möchte am liebsten sofort anfangen, mein Leben durch Wundern zu verändern. Wo soll ich anfangen?

Antwort: Die Arbeit mit Wundern beginnt immer, indem man sich selbst aufmerksam beobachtet und den eigenen Gedanken und Gefühlen ein wachsames Auge schenkt. Das ist nicht schwer und erfordert keine speziellen Fähigkeiten. Sich zu wundern ist ein natürlicher Ausdruck unseres wahren Wesens, es muß nicht speziell herbeigeführt oder künstlich hervorgerufen werden. Wir müssen nur zulassen, daß die Wunder, die wir in uns tragen, an die Oberfläche gelangen. Sobald wir uns der freundlichen Kräfte des Wunderns bewußt werden und zulassen, daß sie in unserem alltäglichen Bewußtsein Raum greifen, werden sie von selbst anfangen zu blühen.

Frage: Sollten wir versuchen, unser Wundern auf einen bestimmten Teil unseres Leben zu konzentrieren?

Antwort: Das Erwachen des Wunderns in unserem Leben beginnt damit, daß man sich einem Gedanken, einem Gefühl oder einem Ereignis bewußt wird, das ungewöhnlich, ständig wiederholend, angstbesetzt, reizvoll oder rätselhaft ist. Wenn du das Segel der Aufmerksamkeit setzt, wird das Wundern dir den Kurs weisen. Der Wunsch zu verstehen, warum dein Herz immer leidet, warum deine Gefühle verletzt sind oder warum deine Nervosität niemals aufhört, ist immer ein guter Anfang. Der Schlüssel zu einem dauerhaften Erfolg jedoch ist unabhängig davon, welcher Gegenstand deines Wunderns gerade deine Aufmerksamkeit erregt. Erfolg hängt davon ab, ob du bereit bist, keine eigenen Schlüsse zu ziehen. Vergiß nicht, daß wir unsere Einsicht brauchen, aus unserem Schmerz zu lernen, und uns nicht wie üblich von ihm eine Lektion erteilen zu lassen.

Frage: Muß das Wundern auf uns selbst beschränkt bleiben? Was ist mit unseren Mitmenschen und ihren Problemen? Können wir aus den Fehlern anderer lernen?

Antwort: Im allgemeinen nicht. Es ist weitaus lohnender, erst einmal festzustellen, wieviel wir uns über andere den Kopf zerbrechen, und uns dann wundern, warum uns die Probleme unserer Mitmenschen so interessieren. Wenn wir offen genug dafür sind, wird das Wundern uns enthüllen, warum wir diese seltsamen Vorlieben haben, mit denen wir uns ständig selbst bestrafen. Mit der höheren Selbster-

kenntnis, die wir gewinnen, und der verbesserten
Einsicht in bislang unbewußte innere Konflikte gewinnen wir allmählich auch Einsicht in die Problematik unserer Mitmenschen. Dieses neue Wissen bietet
nicht nur vollkommenen Schutz, sondern regt uns
auch an, mit dem Wundern bei uns selbst anzufangen, dort, wo es am meisten Gutes bewirkt.

Frage: Ich wundere mich gern und oft über Gott und die
Welt sowie über alles Unbekannte im Leben. Es gibt
so viel, was uns bisher verschlossen war. Was ist mit
all den Wundern, die uns umgeben? Sind sie es nicht
wert, daß man sich über sie wundert?

Antwort: Selbstverständlich. Laß das Wundern dich
führen, wohin es will. Wir sind jedoch gut beraten,
wenn wir davon ausgehen, daß es kein *echtes*
Bedürfnis gibt, uns über die vielen Fragen zu wundern, die in unserem Denken auftauchen. Viel Zeit
und Energie – höhere Energien, die wir einsetzen
könnten, um unbezahlbare Einsichten zu bringen –
wird bedenkenlos vergeudet, indem man nach Antworten sucht, die keine andere Funktion haben, als
uns abzulenken. Alles, was wir über dieses Leben
und seine großen Geheimnisse wissen müssen, ist
direkt in unserem eigenen wahren Wesen enthalten.
Wir müssen gar nicht weiter suchen. Das ist das
größte Wunder von allen.

*Ohne aus dem Haus zu gehen, können wir die ganze Welt
kennenlernen. Ohne aus dem Fenster zu schauen, können
wir den Weg zum Himmel erkennen. Je weiter wir reisen,
desto weniger lernen wir kennen. So kommt es, daß du Dinge
kennenlernen kannst, ohne dich zu bewegen, sehen, ohne
zu schauen, erfolgreich sein, ohne etwas zu tun.*

Laotse

Kapitel 6

Gebrauchsanweisung für das Wundern

Du wirst dir mit diesem Buch viele Wunder erschließen können. Sie beruhen auf sorgfältig formulierten meditativen Fragen in Form von Anfragen an das höhere Selbst.

Jede einzelne dieser Wunder-Anfragen ist so formuliert, daß sie in dir nicht nur das Bedürfnis nach einer neuen und heilsamen Antwort erweckt, sondern dir auch gleichzeitig verdeutlicht, daß dein gegenwärtiges Denken nicht geeignet ist, die Antwort zu liefern.

Du solltest dir über notwendige vorübergehende Engpässe und Hürden keine Sorgen machen. Wenn du mit deiner inneren Arbeit beständig fortfährst, wirst du immer wieder spüren, wie aufreibend und schwierig die Arbeit mit Wundern sein kann. Auch das gehört dazu. Wenn du Geduld beweist und weitermachst, wirst du irgendwann vor dem geöffneten Fenster des Wunderns stehen. Dann solltest du einfach davor stehenbleiben und dir keine Sorgen darüber machen, wie die Fragen, die in deinen Gedanken auftauchen, gelöst werden sollen. Dieser Teil des neuen, höchst wundersamen Prozesses liegt nicht in deinem Verantwortungsbereich.

Vergiß niemals, daß die wirklich heilsamen Einsichten, die wir brauchen, um über uns selbst hinauszuwachsen, immer von uns *empfangen*, niemals selbst erfunden werden. Wenn du diese Tatsache in den folgenden Jahren beherzigst, wirst du immer wieder feststellen, daß es einen Unterschied gibt zwischen dem inneren Reichtum der Inspiration und den glänzenden, aber unbeweglichen Antworten des eigenen Denkens.

Sicher ist es ungewohnt, die Hände in den Schoß zu legen und zu erwarten, daß der innere Reichtum ganz von selbst kommt. Hab jedoch keine Angst, sondern tritt angesichts des geöffneten Fensters des Wunderns einen Schritt zurück und stell dich selbst hintenan. Wenn du es den wunderbaren Kräften überläßt, dir Einblicke in dein eigenes Wesen zu gewähren, wirst du entdecken, daß diese Art von Selbsterkenntnis identisch ist mit Selbsterlösung, und glücklicherweise ist Selbsterlösung identisch mit innerer Freiheit.

Die folgenden acht Wege, deinem Wundern Nachdruck zu verleihen, werden dir helfen, aus diesem Buch den bestmöglichen Nutzen zu ziehen und neue Kräfte zu entwickeln.

Der erste Weg
Laß dein Bedürfnis nach Wundern wachsen

Je deutlicher du erkennst, daß die Erwartungen, die du an dein Leben stellst, bestimmen, wie du dich im Leben fühlst, desto stärker wird dein Bedürfnis, dich zu wundern, was du eigentlich in deinem Leben willst.

1. Du kommst der Wahrheit am nächsten, wenn sie für dich an erster Stelle steht, noch vor deinen eigenen Bedürfnissen.

2. Laß jeden Augenblick deines Lebens dir offenbaren, was du am meisten schätzt, und dann wundere dich, warum du ausgerechnet daran am meisten festhältst.

3. Um in die unbekannte Welt eindringen zu können, müssen wir zuerst die bekannte Welt verlassen.

Der zweite Weg
Folge dem Wundern, wohin es dich führt.

Dein Bedürfnis nach Wissen ist der Wind in den Segeln des Wunderns. Laß dein Wundern den Kurs bestimmen. Du bleibst an Deck, paßt auf und wartest, was passiert. Mach dir nichts daraus, wenn einmal rauhe See herrscht. Laß es einfach geschehen. Die Stürme können dir nichts anhaben. Das ist es, was dir das Wundern zeigen will. Diese neue Art von Sicherheit ist etwas, das du dir schon immer gewünscht hast. Ahoi!

1. Glaube niemals, daß die Grenzen deines gegenwärtigen Horizontes die Grenzen deiner Möglichkeiten sind.

2. Wenn du den Kurs deines Lebens dadurch bestimmst, was du fürchtest, dann ist das so, als würdest du sagen, du willst die Welt nur sehen wollen, wenn sie in einen Schuhkarton paßt.

3. Wenn du ein Problem lösen willst, mußt du bereit sein, hineinzugehen.

Der dritte Weg
Gebrauche das Wundern, um dich vor dir selbst zu enthüllen.

Es gibt keinen Ersatz für Selbsterkenntnis, denn die einzige Gefahr, die uns allen droht, liegt in uns selbst verborgen. Selbsterkenntnis ist Selbstsicherheit.

1. Es ist immer richtig, sich darüber zu wundern, was falsch ist, das heißt jedoch nicht, daß wir an dem gegenwärtig vorherrschenden Dunkel festhalten oder uns unnötig damit aufhalten sollen.

2. Laß dich auf die wundervolle Entdeckung ein, daß du nicht bist, wer du zu sein glaubst.

3. Probleme, die wir nicht sehen wollen, können wir auch nicht beseitigen.

Der vierte Weg
Erschließe dir die Welt mit Wundern

Begegne jedem Ereignis mit dem Wunsch, die Lektion zu lernen, die darin verborgen ist, und nicht, den größtmöglichen Nutzen daraus zu ziehen. Wenn wir den Weg des Wunderns zu unserem Lebensweg machen, statt den Weg des Erfolges um jeden Preis zu gehen, ist uns der wahre Erfolg garantiert. Anstatt uns den Zwang zum Erfolg aufzuerlegen – und damit die unbewußte Angst vor dem Mißerfolg – kommt der Weg des Wunderns aus einer Weisheit, die niemals Mißerfolg haben kann, da sie in sich vollkommen ist.

1. Das ausschließliche Streben nach Dingen, die man bereits kennt, ist wie in ein Loch zu steigen und kein Seile mitzunehmen

2. Es gibt keinen vernünftigen Grund, sich schlecht zu fühlen, es sei denn, man meint unbewußt, daß man sich erst dann gut fühlen kann, wenn man sich vorher schlecht gefühlt hat.

3. Wenn wir dem Leben unter der Voraussetzung begegnen, daß wir bereits wissen, was *es* uns zu bieten hat, verschließen wir uns für die Entdeckungen, die uns zeigen, was *wir* uns zu bieten haben.

Der fünfte Weg
Ziehe die Macht des Wunderns, etwas zu enthüllen, der beständigen Angst vor, etwas zu verbergen.

Deine Angst möchte dich glauben machen, daß du deine Schwächen beseitigen kannst, indem du sie außer Sichtweite bringst oder erklärst. Dein Wundern möchte, daß die einzigen Schwächen, mit denen du leben mußt, diejenigen sind, von denen die Angst dich überzeugen konnte, sie zu verbergen. Es liegt in deiner Hand, ob du sie lieber enthüllen oder verbergen willst.

1. Zu entdecken, wann du dich gegen dich selbst entschieden hast, ist dasselbe, wie die Kraft zu finden, dich für dich selbst zu entscheiden.

2. Furchtsame Gedanken und Gefühle können dir lediglich sagen, was du an dir nicht sehen willst, um dich davon zu überzeugen, daß du im Moment keine

andere Wahl hast, als in deinen eigenen Grenzen zu leben.

3. Alle angstbesetzten Lösungen sind die versteckte Fortsetzung dessen, wovor du Angst hast. Du weißt also, was du *nicht* tun solltest!

Der sechste Weg
Habe niemals Angst davor, dich zu wundern, was es Höheres gibt.

Es zu wagen, ohne Schlußfolgerungen zu leben, ist dasselbe als würde man lernen, ohne Tragödien zu leben. Diese besondere Art von Selbstkontrolle ist keine Lebensfeindlichkeit, sondern ein mutiger Kurs, durch den offenbart wird, daß es im Leben immer noch etwas Höheres gibt.

1. Das Bedürfnis, ein grenzenloses Leben zu leben, ist unser erster Kontakt mit dem, was wirklich grenzenlos ist.

2. Verwirf alle Lösungen wiederkehrender Probleme, die nichts weiter verändern als sich selbst.

3. Tatsache ist, daß alles im Wandel ist. Nichts bleibt so, wie es ist. Das bedeutet, daß du dich in jedem Moment dafür entscheiden kannst, dich über etwas Höheres zu wundern.

Der siebente Weg
Gib deinen eigenen Weg auf und laß das Wundern dir den Weg zeigen.

Wir können niemals so auf die Nase fallen oder uns so verloren fühlen, wie wenn wir uns unserer Richtung ganz sicher sind, und das Leben sich plötzlich entschließt, seinen Kurs zu wechseln. Es gibt jedoch einen anderen Weg. Zu lernen, was das Leben will, heißt, daß man sich selbst alles zukommen läßt, was das Leben zu bieten hat.

1. Das ständige Bestreben, dem Leben etwas abringen zu wollen, ist untrennbar mit der Angst vor dem Leben verbunden.

2. Nach selbst zurechtgelegten Möglichkeiten zu suchen, seine eigene Sicherheit zu finden , ist dasselbe, als würde man den Kapitän der Titanic fragen, welche Kabinen auf dem Schiff am sichersten sind.

3. *Der* Weg ist immer da, sobald du *deinen* Weg losläßt.

Der achte Weg
Laß das Wundern dich zu Wundern führen

Wenn durch Wundern erweckte Einsichten dich an den Fuß eines scheinbar unbezwingbaren inneren Berges führen, solltest du das, *was du siehst*, nicht damit verwechseln, *wer du bist*. Das wäre die falsche Sicht und das falsche Ich. Das größte Wunder liegt direkt oberhalb deiner gegenwärtigen Verfassung –, und der Weg hinauf führt über einen Neuanfang.

1. Die wirkliche Qualität unseres Lebens wird nicht dadurch bestimmt, was wir daraus gewonnen, sondern was wir darin entdeckt haben.

2. Zu glauben, daß du Einsichten haben kannst, ohne dich zu wundern, ist wie zu glauben, daß du klettern kannst, ohne dich auszustrecken.

3. Wage, dich zu wundern, wie das Leben wäre, wenn du dir selbst nicht mehr im Weg stehen würdest, und das Wunder in dir befreien könntest.

Die ersten Schritte auf dem Weg des Wunderns

Die nächsten sechs Kapitel behandeln sechs Kategorien des Wunderns. Jedes der sechs Kapitel beinhaltet zehn verschiedene Wunder, die sich direkt auf das Thema des jeweiligen Kapitels beziehen. In Kapitel 7 beispielsweise, das unter dem Thema »Das Wunder, du selbst zu sein« steht, begegnest du dem ersten Wunder: »Wundern, um den Weg zu finden«.

Dieses Wunder ist, ebenso wie die anderen sechzig Wunder, denen du auf den folgenden Seiten begegnen wirst, dazu gedacht, dich in eine unbeschreibliche, heilsame Unruhe zu versetzen. Du wirst spüren, daß dich etwas zutiefst berührt, aber weißt nicht genau was. Und genau so soll es auch sein. Gib jedem der folgenden Wunder soviel Zeit, wie es braucht. Laß dir Zeit. Diese höhere Form aufrichtiger Selbstbefragung funktioniert am besten, wenn wir uns für versteckte Hinweise öffnen und sie allmählich in unserem Leben und unserem Bewußtsein Raum greifen lassen.

Wahres Wundern ist ein seltenes und ganz besonderes spirituelles Pflänzchen. Unsere Aufgabe besteht nicht darin, es zum Blühen zu bringen, sondern ihm zu erlauben, daß es von selbst zu seiner eigenen Zeit seine volle Pracht entwickelt. Dann können wir uns für immer daran erfreuen, weil der Duft dieses neuen und heilsamen Selbst-Verständnisses nun ganz uns gehört.

Es folgen einige Wege des Wunderns, die dir helfen können, deine wichtige innere Arbeit weiterzuführen.

1. Wähle eines der in diesem Buch beschriebenen Themen zum Wundern, das dir am nächsten kommt und mit dem du dich gern auseinandersetzen willst, und finde einen Weg, wie du dir dieses Wunderthema soviel und sooft wie möglich zu Bewußtsein bringen kannst.

2. Achte auf alle verschiedenen Eindrücke, die das Wundern über dieses Thema in deinen alltäglichen Aktivitäten und Beziehungen hinterläßt.

3. Achte darauf, daß du dir genug Zeit läßt, um dich jeden Morgen und jeden Abend mindestens zehn Minuten lang zu wundern. Das heißt jedoch nicht, daß du nur dasitzen und nachdenken sollst. Wirkliches Wundern ist gesteigerte Wachsamkeit und das Bedürfnis nach neuen Antworten, wobei du dir bewußt machst, daß neue Antworten nicht aus deinem alten Selbst kommen können.

4. Beende dein allabendliches Wundern, indem du dir gestattest, aus einem Zustand bewußten Wunderns heraus allmählich einzuschlafen.

5. Was auch immer du tust, ziehe niemals eigene Schlußfolgerungen, sondern laß die Einsichten zu dir kommen.

Kapitel 7

Das Wunder, du selbst zu sein

Wundern, um den Weg zu finden

Ebenso wie eine Mutter mitten im kalten Winter niemals ihre Kinder rufen würde, nur um ihnen anschließend die Tür vor der Nase zuzumachen und sie draußen in der Kälte stehenzulassen, wird die Wahrheit niemals dich und mich einladen, ein höheres Leben zu finden, und uns anschließend den Zugang dazu verweigern. Darüber wundere ich mich...

... Wenn etwas unserem Glück im Wege steht und wir von der Liebe ausgeschlossen sind, sollten wir da nicht annehmen, daß wir am falschen Platz sind... und an der falschen Tür klopfen?

Was dich das Wundern, um deinen Weg zu finden, lehren kann

1. Wenn das Leben dir wie ein schwerer, bitterer Kelch vorkommt, solltest du nicht sagen: »Warum ist dieser Kelch so schwer und so bitter?«, sondern dich vielmehr ehrlich fragen: »Wie ist dieser Kelch eigentlich in meine Hände gekommen, obwohl mich niemand gebeten hat, ihn anzunehmen?«

2. Gib dich niemals mit einem Zustand zufrieden, der nicht vollkommen nach deinem Geschmack ist, denn alles kann sich ändern in dem Augenblick, in dem du dich änderst.

3. Frustration ist kein Beweis dafür, daß wir den Weg kennen und nur an irgend etwas nicht vorbeikommen. Das einzige, was unsere Frustration beweist, ist, daß wir lieber mit unserer eigenen Hartnäckigkeit leben wollen und daß genau dies das eigentliche Hindernis ist, das uns im Wege steht.

Solange ein Mensch sich guten Zwecken zuwendet, ist er gestärkt durch die ganze Kraft der Natur... Die Wahrnehmung dieses Gesetzes der Gesetze erweckt im Geist ein Gefühl, das wir das »religiöse Gefühl« nennen und das unser höchstes Glück erzeugt. Wunderbar ist seine Macht, uns zu bezaubern und zu beherrschen. Sie ist wie die Luft der Berge.

Ralph Waldo Emerson

Wundern zur Selbsterneuerung

Niemals sind wir so gelangweilt, wie wenn wir genau wissen, was wir zu erwarten haben. Sei es die Handlung eines Filmes, den wir schon ein paarmal gesehen haben, oder das berechenbare Verhalten einer besonders unangenehmen Person. Es ist völlig natürlich, wenn man fürchtet, noch einnmal durch etwas gehen zu müssen, durch das man bereits einmal gegangen ist. Darüber wundere ich mich...

... Ist es nicht wahr, daß wir uns jedesmal, wenn wir feststellen, daß uns bestimmte Dinge zusagen oder nicht, auf ein emotionales Terrain begeben, das wir bereits ausgiebig kennengelernt und abgedeckt haben?

Was dich das Wundern darüber, wie du dich selbst erneuerst, lehren kann

1. Es ist unmöglich, herauszufinden, wer du wirklich bist, wenn du nicht bereit bist, alles, was du findest, anzunehmen, sondern nur das wahrhaben willst, was in dein altes Konzept paßt.

2. Bevor wir in die Gegenwart dessen gelangen können, was wirklich neu ist, sind wir erst einmal aufgefordert, die Sicherheit dessen zu verlassen, was wir wissen und kennen.

3. Jedesmal, wenn wir es wagen, das, was wir gewesen sind, abzulegen, laden wir damit bewußt das ein, was wir werden können.

Jeder Mensch trägt in sich den Kontinent eines unentdeckten Charakters. Glücklich derjenige, der sich als der Columbus seines eigenen Geistes erweisen kann.

Johann Wolfgang von Goethe

Wundern über das Festhalten am Unglücklichsein

Wenn wir aufhören uns zu fragen, warum wir unseren Alltag so erleben, wie wir es tun, bekommen wir eine neue Antwort. Wir werden merken, daß wir Opfer bringen müssen, wenn wir glücklich sein wollen. Wir sind in einer traurigen Lage: *Wir ertragen, was wir müssen, um zu erreichen, was wir wollen.* Unter dieser Voraussetzung leben wir in der unausgesprochenen Gewißheit, daß wir, wenn wir etwas anderes tun würden, uns damit unglücklich machen würden. Darüber wundere ich mich...

... Ist unser Unglück wirklich eine eigenständige Kraft, mit der wir täglich umzugehen haben, oder besteht seine Autorität über uns nur insofern, als wir es in unserem Leben meinen, tolerieren zu müssen?

Was du aus deinem Wundern darüber, warum du an deinem Unglücklichsein festhältst, lernen kannst

1. Unglück ist etwas Unnatürliches.

2. Wenn wir über etwas unglücklich sind, müssen wir uns bemühen, die Verbindung zwischen unserem Wunsch, wie wir uns fühlen wollen, und unseren wirklichen Gefühlen zu sehen, damit wir eines Tages nicht mehr unserem eigenen Streben nach Unglück nachgeben.

3. Sobald das unbewußte Bestehen auf Unglück aufhört, kann mühelos das Glück Einzug halten.

Es gibt kaum einen Menschen, der, sobald man sein Vertrauen gewonnen hat, ungeachtet seiner Lebensumstände und der Situation, in der er sich befindet, nicht sagen wird, daß er mit seinem Leben nicht zufrieden ist. Es steht jedoch fest, daß nicht alle Menschen in demselben Maße unzufrieden sind, obwohl man dies aufgrund ihrer Äußerungen beinahe annehmen könnte. Dies sollte man jedoch nicht denken. Es liegt vielmehr daran, daß die Menschen ihre Zufriedenheit daran messen, was sie begehren oder was sie verdient zu haben meinen.

Lord Greville

Wundern über
freien Willen und freie Wahl

Selbst wenn schwierige physische Umstände uns davon abhalten, das zu tun, was wir gern täten, so haben wir doch immer die Freiheit, in der unsichtbaren Welt unserer Gedanken und Gefühle zu tun, was wir wollen. Auf dieser inneren Ebene haben wir ganz allein die Kontrolle über das, was wir denken und fühlen. Hier können wir ergreifen, was uns am wertvollsten ist. Unser inneres Leben ist eine außerordentlich genaue Widerspiegelung unseres äußeren. Hier können wir Augenblick für Augenblick erleben, was wir *wirklich* wollen. Darüber wundere ich mich...

... Was ist, wenn unser Leiden etwas ist, das wir uns selbst angetan haben, weil wir irgendwann irgendwie vergessen haben, daß wir immer, wenn wir wollen, uns entschließen können, uns nicht mehr schlecht zu fühlen.

Was du aus deinem Wundern über freien Willen und freie Wahl lernen kannst

1. Sobald du weißt, was es bedeutet, dich für dich selbst zu entscheiden, gibt es keine Macht der Welt, die dich daran hindern kann.

2. Das Leben kann uns nicht dazu zwingen, uns in einer bestimmte Richtung zu bewegen, wenn unsere Füße nicht bereits in diese Richtung zeigen.

3. Mach es dir immer klarer, daß du im Grunde nichts weiter willst, als dir und der Welt klarzumachen, was du willst.

Keine Handlung wird für untadelig gelten, es sei denn, der Wille war untadelig, denn erst kommt der Wille, dann die Tat.

Seneca A. Lucius

Wundern darüber,
sich selbst zu besitzen

Ich kenne einen Mann und eine Frau, die schwer daran gearbeitet haben, schwierige Lebensumstände zu bewältigen. Sie sind mittlerweile wohlhabend und gut angesehen. Man sieht, wie fest sein Schritt und wie stolz ihr Blick ist. Ich kannte die Frau jedoch bereits, als sie noch nicht lächeln konnte, und den Mann, als er trotz all seiner Bemühungen davon überzeugt war, daß er ein armer Schlucker ist. Beide waren einmal, wenn auch nur vorübergehend, völlig sicher, daß alles, was sie tun, vergeblich ist. Wer ist dieser Mann? Wer ist diese Frau? Kennst du sie? Darüber wundere ich mich...

... Was haben wir denn eigentlich gewonnen durch alles, was wir zu besitzen meinen, wenn diese sauer verdienten Erfolge schon durch einen bloßen Gedanken an einen Mißerfolg dahinschwinden können?

Was du aus deinem Wundern, dich selbst zu besitzen, lernen kannst

1. Wirkliches Selbst-Besitzen beginnt damit zu verstehen, daß der Gedanke »Ich besitze dies« oder »Ich besitze das« nicht einmal sich selbst besitzt.

2. Nur ein Mensch, der im Besitz seines eigenen Verstandes ist, fühlt sich nicht seines Besitzes beraubt, wenn sein Verstand plötzlich gezwungen ist, Veränderungen zu akzeptieren, oder sich selbst verändern will.

3. Wirkliche Sicherheit besteht nicht darin, was du besitzt, sondern darin, was du bist.

Selbst-Herrschaft ist in der Tat das vornehmste Prinzip auf Erden. Sie ist Gegenstand eines erhabeneren Ehrgeizes als der Besitz von Krone und Szepter. Der Herrscher über den eigenen Geist ist der einzig wirkliche Machthaber.

John Caird

Wundern über innere Heilung

Hast du jemals festgestellt, wie der Körper sich selbst heilt? Dieser Vorgang erscheint so einfach und dennoch so außergewöhnlich. Wenn etwas heilt, wird es wiedervereinigt. Es erlangt seine Einheit wieder. Auf diese Weise wird eine schmerzende Hand wieder ganz und gesund. Sie genest. Aber was ist mit einem schweren, schmerzenden Herzen oder mit ungelösten Haßgefühlen oder Sorgen? Auch hier ist unser Schmerz ein Zeichen dafür, daß wir irgendwo im Inneren gespalten sind, daß uns etwas teilt. Wegen dieses inneren Kompromisses, der uns im Verborgenen bedroht, entgeht uns eine spirituelle Zufriedenheit, die die Voraussetzung zur Selbstheilung ist. Darüber wundere ich mich...

... Wie können wir jemals hoffen, in uns selbst zu heilen, was wir nicht einmal vor uns selbst offenbaren wollen. Ist Offenbarung unseres Inneren nicht genau das, was wir zur Heilung unseres Inneren brauchen?

Was du aus deinem Wundern über innere Heilung lernen kannst

1. Schenke niemals einem Gedanken oder einem Gefühl Glauben, das dich innerlich spaltet. Er wird dich niemals vereinigen können.

2. Entweder wir erkennen uns selbst, oder wir verteidigen unser Denken. Aber niemals werden wir mit beidem Erfolg haben.

3. Nichts kann zwischen dich und deine vollständige innere Heilung treten außer der Einbildung, bereits geheilt zu sein.

Niemals sollten wir uns von uns selbst entmutigen lassen. Nicht dadurch, daß wir uns unserer Fehler bewußt sind, sind wir schlecht, sondern nur dadurch, daß wir sie nicht sehen. Je heller das Licht ist, desto besser können wir sehen. Zu unserer Beruhigung sollten wir daran denken, daß wir unsere Sünden erst dann wahrnehmen, wenn wir bereits begonnen haben, sie zu heilen.

Francis Fenelon

Wundern über
Glück und Sehnsucht

Wir alle haben wenigstens einmal im Leben etwas besessen, was wir uns von Herzen gewünscht haben. Niemals ist es uns jedoch gelungen, das Glücksgefühl, das es in uns ausgelöst hat, lange festzuhalten. Glück kann man nicht besitzen. Sehnsucht ist ein erregender, hypnotischer innerer Zustand, in dem wir vergessen, daß das Glück, dem wir nachjagen, dasselbe ist, das wir beim letzten Mal nicht festhalten konnten. Das Glück, dem wir hinterherlaufen, erfüllt niemals unsere Erwartungen, weil die süße Lust, die wir festzuhalten suchen, etwas Unwirkliches ist. Sie ist nur eine Erinnerung, ein Phantombild eines vergangenen Glücks, ein verführerischer Gedanke, der sich in unserem Bewußtsein als Bild verfestigt hat, das uns erst in Versuchung führt und dann voller Hunger nach seiner eigenen Erfüllung strebt. Darüber wundere ich mich...

... Je mehr wir dem Glück hinterherjagen, desto mehr lassen wir uns vom Verlangen gefangennehmen. Wo bleibt da das Glück?

Was du aus deinem Wundern über Glück und Sehnsucht lernen kannst

1. Dem Glück hinterherzulaufen ist, als wolle man ein wundervolles Echo mit einem Schmetterlingsnetz einfangen.

2. Keine Sehnsucht kann sich jemals daran erinnern, daß das Glück, das es sich ersehnt, nicht die Macht hat, sich selbst zu befriedigen.

3. Nur wenn wir aufhören zu versuchen, uns selbst Gutes zu tun, können wir anfangen, das natürliche Glück unseres eigenen Wesens zu entdecken.

Ein Mensch, der sein Glück über alles stellt, wird kaum die vollkommene Freude kennenlernen, die ihm auf Kosten der Glücksgefühle, denen er hinterherjagt, entgeht.

Joseph Addison

Wundern über
einen festen Standpunkt

Als wir noch klein waren, gab es wenig in unserem Leben, was von Dauer war, außer unseren Lieblingsspielzeugen. Irgendwie erscheinen uns die Tage unserer Kindheit heller, weniger besorgt. Ein Gedanke an eine Position im Leben kam uns allerhöchstens im Zusammenhang mit einem Spiel auf dem Spielplatz. Versuche dich daran zu erinnern. Damals kam es nicht darauf an, wo du standest, denn Spaß war Spaß, ganz gleich aus welcher Perspektive. Darüber wundere ich mich...

... Ist es wirklich das Leben, das immer härter geworden ist, oder liegt es vielleicht an unserer Perspektive, an unseren verfestigten Standpunkten, daß wir uns so fühlen?

Was du aus deinem Wundern über einen festen Standpunkt lernen kannst

1. Immer wenn das Leben unerträglich erscheint, solltest du daran denken, daß alles, was du zu ertragen hast, deine unverbesserliche Starrköpfigkeit ist, unbedingt an selbstbestrafenden oder selbstquälerischen Gedanken festhalten zu müssen.

2. Wut ist unser ignorantes Beharren darauf, daß etwas, was nicht funktioniert, funktionieren sollte.

3. Offen zu sein heißt nicht, oberflächlich zu sein. Was biegsam ist, ist nicht immer auch schwach. Denke an das Meer oder an eine alte Eiche.

Es steht in unserer Macht, uns kein Urteil über eine Sache zu machen und uns in unserer Seele nicht von ihr anrühren zu lassen, denn die Dinge an sich haben keine natürliche Macht, unser Urteil zu beeinflussen.

Mark Aurel

Wundern über Individualität

Je mehr wir mit dem Blick eines anderen nach einem Einblick in uns selbst suchen, desto mehr fürchten wir uns davor, daß er sein Auge von uns abwenden könnte, wenn auch nur für einen Augenblick. Kann es einen größeren Widerspruch und eine tiefere Quelle dauernder Unsicherheit geben als das Streben danach, unser eigenes Gefühl von Individualität durch andere bestätigt bekommen zu wollen? Darüber wundere ich mich...

... Ist jemand nicht erst dann ein wirkliches Individuum, wenn er, anstatt bei der Masse seiner Mitmenschen nach Bestätigung für sein Selbstgefühl zu suchen, still erkennt, daß nichts, was andere ihm beibringen können, die Macht hat, ihn zu mehr zu machen, als er bereits ist?

Was du aus deinem Wundern über Individualität lernen kannst

1. Eine unvergängliche Individualität ist das Geschenk des Geistes, das nur zu denen kommt, die sehen wollen, daß sie kein wirkliches Leben aus sich selbst heraus haben.

2. Ein gewöhnlicher Geist läßt sich von seinen Leiden vereinnahmen, aber ein individueller, »unteilbarer« Geist hat nichts mit seinen vergänglichen Zuständen gemein.

3. Authentische Individualität schließt ein beständiges Mitgefühl ein, das aus der persönlichen Erkenntnis kommt, daß das eigene Sein in Wirklichkeit gleichzeitig Teil von jedem anderem wie auch getrennt von diesen ist.

Jedes individuelle Wesen hat seine eigene Schönheit. In jeder Gemeinschaft, an jeder Feuerstelle, besticht uns der Reichtum der Natur. Wenn wir die Vielzahl der Töne hören, die wie Musik erklingen, wenn wir in jeder Person ein eigentümliches Verhalten sehen, ein jedes mit seinem eigenen, besonderen Charme, und den Ausdruck auf den Gesichtern lesen, nehmen wir wahr, daß die Natur für jeden von uns den Grundstein für ein gottgegebenes Gebäude gelegt hat, auf das die Seele bauen kann.

Ralph Waldo Emerson

Wundern über
die Selbstwahrnehmung

Alle Erwartungen, wie andere uns sehen sollen, beruhen darauf, wie wir uns insgeheim selbst sehen. Unsere Selbstwahrnehmung findet in Form von bewegten gedanklichen Bildern, Vorstellungen von uns selbst, statt, die eine wichtige Rolle für unser Selbstbewußtsein spielen. In Wirklichkeit sind sie jedoch Maßstab für die Misere, in der wir uns befinden. Hier ist der Beweis: Ist dir schon einmal aufgefallen, wie wütend du werden kannst, wenn jemand dich in einer Weise behandelt, die klar zeigt, daß er dich nicht so sieht, wie du dich selbst? Natürlich steht hinter dieser selbstzerstörerischen Wut das Denken, daß wir vermeintlich nicht zulassen wollen, daß jemand uns schlecht behandelt. Darüber wundere ich mich...

... Gibt es jemanden, der sich selbst schlechter behandelt als eine Person, die voller Vorstellungen von sich selbst steckt, welche ihr einreden wollen, wie man behandelt werden darf und wie nicht?

Was du aus dem Wundern über Selbstwahrnehmung lernen kannst

1. Alle Vorstellungen, die du von dir selbst hast, bestrafen dich im Verborgenen aufs Schwerste dadurch, daß du gezwungen bist, sie stets aufrechtzuerhalten, aus Angst, daß sie verschwinden könnten.

2. Es gibt überhaupt keine natürliche Notwendigkeit, über sich selbst nachzugrübeln.

3. Nur wenn wir es wagen, aufzuhören, ständig uns selbst zu gestalten und beeinflussen zu wollen, können wir erkennen, daß wir bereits gestaltet sind und alles haben, was wir brauchen, um vollständig zu sein.

Bestimme deinen Wert nicht dadurch, was du hast, sondern dadurch, was du bist. Wer einen Edelstein an seiner goldenen Fassung beurteilt oder ein Buch an seinem schönen Umschlag oder einen Mann an seinem großen Besitz, der irrt.

Francis Quarles

Laß dein Wundern über dich selbst mit Hilfe dieser zehn Fakten wachsen

1. Deine Wesensart ist der Wunsch deines Lebens.
2. Wirkliche Freiheit ist die Fähigkeit, aus Intelligenz heraus zu handeln, nicht die Fähigkeit, eine Erklärung für eigene Entscheidungen zu erfinden.
3. Nichts hält einen Menschen mehr gefangen als seine selbstgeschaffene eiserne Gewißheit, daß er lernen muß, mit der Niederlage zu leben.
4. Jemanden zu kritisieren heißt noch lange nicht, daß man es besser kann.
5. Die Wahrheit wird zu dir sprechen, wenn du nichts mehr hast, worüber du mit dir selbst sprechen kannst.
6. Solange die Verbesserung anderer nicht mit der eigenen Verbesserung beginnt, bleibt sie Selbstbetrug.
7. Selbstsicherheit ist Selbstabkapselung.
8. Wer in diesem Moment sagt: »Ich bin«, bestimmt, was im nächsten Moment passiert.
9. Wenn wir Schmerzen haben, liegt das daran, daß wir darauf bestehen, daß das, was wir wollen, das ist, was wir brauchen.
10. Erst dann, wenn wir aufhören zu versuchen, unserer Vorstellung davon, wie wir zu sein haben, gerecht zu werden, können wir merken, daß die Vorstellung gar nicht von uns selbst kommt, und anfangen zu entdecken, wer wir wirklich sind.

Kapitel 8

Das Wunder zwischenmenschlicher Beziehungen

Wundern darüber, sich in zeitloser Gesellschaft zu befinden

Jeder weiß, daß ein Drachen die Gesellschaft des blauen Himmels braucht. Wenn du die Essenz eines Drachens mit der Essenz des Windes zusammenbringst, geschieht etwas Wundervolles. Die beiden sind füreinander geschaffen. Ihre Vereinigung erzeugt die sofortige Erwartung müheloser neuer Höhenflüge. Es ist offensichtlich, daß sie zusammengehören. Dieses unausgesprochene Verständnis ihrer besonderen Beziehung macht es um so deutlicher, daß ein Drachen ohne die Gesellschaft des Windes nur halb soviel ist, wie er sein sollte. Darüber wundere ich mich...

... Sind nicht auch wir, ebenso wie der Drachen ohne den Wind, nur die Hälfte dessen, was wir sein sollten, in Gesellschaft des Zeitlosen?

Was du aus deinem Wundern über zeitlose Gesellschaft lernen kannst

1. Jederzeit, wenn wir wollen, können wir aufhören, dem Leben von unserer niederen Natur aus zu begegnen, die sich ständig etwas wünscht. Wir können in eine neue Beziehung mit dem Leben von unserem wahren Wesen aus eintreten, das bereits weiß, daß es *alles* umfaßt.

2. Innerlich wie äußerlich ist es immer besser, allein zu sein, als in schlechter Gesellschaft.

3. Wenn du dein Bestes gibst, um die Gesellschaft von etwas zu suchen, was wirklich zeitlos ist, wird dieser Zustand der Freiheit und Souveränität im Gegenzug auch dich aufsuchen.

Was soll eine Gemeinschaft, in der kein Austausch über etwas stattfindet, was den Verstand fordert, und das Herz groß und weit macht, statt eng und klein.

Walter S. Landor

Wundern über Schwächen

Wenn wir tief genug in die blitzenden Augen eines wütenden Menschen hineinschauen könnten, würden wir jemanden vor uns sehen, der einfach nur Angst hat. Wenn wir dann noch tiefer schauen würden, könnten wir jemanden sehen, der insgeheim vor Angst zittert, die Beherrschung verlieren zu können, jemanden, der für einen Augenblick nicht mehr weiß, was er tun soll, außer zu versuchen vorzugeben, als hätte er keine Angst, die ihn so weit gebracht hat. Darüber wundere ich mich...

... Was würde geschehen, wenn wir uns weigern würden, jemals wieder vor dem Sturm zu zittern, der durch die Schwäche eines Menschen – einschließlich unserer eigenen – verursacht wurde?

Was du aus dem Wundern über deine Schwächen lernen kannst

1. Alles, was du in dir selbst gefunden hast, gehört dir, ganz gleich wo und in wem du Gelegenheit hast, es wiederzutreffen.

2. Die Schwäche, die wir bewußt ertragen können, ist der Keim für eine neue, dauerhafte Kraft.

3. Warum sollte ich mich vor einem Feind retten, dessen einzige Stärke darin liegt, daß er sich darauf verlassen kann, daß ich mich selbst für schwach halte?

Es ist gut zu wissen. Besser ist es zu tun. Am besten ist es zu sein. Rein und stark, ehrlich und ernst, freundlich und aufmerksam, in allem wahrhaftig, wahrhaft männlich und wahrhaft weiblich. Derjenige, der ein Maximum für sich selbst getan hat, kann auch mehr für andere tun.

Samuel D. Gordon

Wundern über Feindschaft

Wenn wir uns jemanden zum Feind gemacht haben, neigen wir dazu, uns sehr leicht über diese Person aufzuregen. Im allgemeinen ist es jedoch nichts weiter als eine bestimmte störende Angewohnheit oder ein Charakterzug dieser Person, die uns gegen sie einnimmt, weil wir uns daran stören. Dennoch sollten wir bedenken, daß es keinen Sinn hat, die Eigenschaften eines anderen Menschen zu bekämpfen, wenn man sie nicht vorher in sich selbst gefunden hat. Wie sollte man sich sonst der Gegenwart dieser Eigenschaft im anderen so schmerzlich bewußt sein und sich von ihr gestört fühlen? Darüber wundere ich mich...

... Möglicherweise ist der eigentliche Feind in uns selbst das, was wir von uns nicht wahrhaben wollen?

Was du aus demWundern über Feindschaft lernen kannst

1. Das Problem bei dem Versuch, einen Menschen zu meiden, den man nicht mag, liegt darin, daß wir im Grunde immer nur unserem eigenen Wesen begegnen.

2. Wenn wir einen Konflikt mit einem anderen Menschen haben, können wir entweder sehen, was wahr ist, oder verteidigen, was falsch ist. Die Wahl liegt jedoch auf der Hand: Was wahr ist, braucht nicht verteidigt zu werden, und was falsch ist, kann nicht verteidigt werden.

3. Selbstquälerische Gedanken darüber, was irgendeine verbitterte Person über dich denken könnte, kannst du einfach dadurch abstellen, daß du dir klar machst, daß niemand etwas von einem anderen denken kann, was er nicht zuerst von sich selbst denkt. In Wirklichkeit denkt also überhaupt niemand irgend etwas über dich!

Würde ein Mensch den Wert eines Feindes kennen, würde er ihn mit Gold aufwiegen.

Raunci

Wundern über
Liebe und Selbstaufopferung

Bedenke die Logik: Bevor wir jemals einem Menschen etwas von uns geben können, müssen wir es zuerst von uns selbst nehmen. Was soll sonst das Geben? Dieses Konzept ist leicht zu begreifen, wenn es um Essen oder Geld geht. Aber was müssen wir uns selbst wegnehmen, wenn wir jemandem unsere Liebe geben wollen? Was können wir wirklich von uns geben? Darüber wundere ich mich...

... Ist die Liebe eine Essenz, die wir besitzen, eine Qualität, oder ist sie eine Quantität, die wir auf jemanden übertragen können? Oder ist Liebe die stille Bereitschaft, uns selbst zu ertragen, die bewußte Selbstaufopferung, die darin liegt, daß wir niemals einem anderen auch nur das geringste von unserem eigenen Leiden aufbürden?

Was du aus Wundern über Liebe und Selbstaufopferung lernen kannst

1. Die Kosten der Liebe sind das Maß, das wir von uns selbst aufgeben müssen, um sie zu erwerben.

2. Jemanden, der dich verletzt hat, nicht ebenfalls zu verletzen, ist tätige Liebe.

3. Das größte Geheimnis betreffend der göttlichen Liebe ist, daß sie sich niemals mit etwas vermischt, sondern nur in ein leeres Gefäß fließt.

Wir wissen niemals, ob jemand liebt, bevor wir nicht wissen, ob er oder sie bereit ist, für uns zu leiden und zu ertragen. Das Element des Leidens ist das Maß der Liebe. Unsere Natur im bereitwilligen Dienst am Nächsten zu zügeln ist die göttliche Idee eines menschlichen Charakters.

H. W. Beecher

Wundern über Selbstschutz

Vielleicht können wir die Gefahr vermeiden, von jemandem betrogen zu werden, indem wir keine Beziehungen eingehen. Ein solcher Selbstschutz bringt uns jedoch in eine verborgene, dauernde Beziehung zu unserer eigenen Angst, verletzt zu werden. Innerhalb dieser Bindung an unsere eigene Schwäche werden wir zum unwissenden Gefangenen unseres eigenen Wunsches nach Sicherheit. Nachdem wir einmal die Angst, verletzt zu werden, gespürt haben, ist es keine Frage mehr für uns, daß wir uns schützen müssen. Also fangen wir an, unser Herz zu verschließen. So läuft es leider ab. Stück für Stück verschließen wir uns, bis wir vollkommen den Kontakt mit dem Teil von uns verlieren, der dem Leben seine Schönheit und seinen Sinn gibt. Darüber wundere ich mich...

... Wie weit muß die Schwäche gehen, bevor sie anfangen kann zu sehen, daß sie sich selbst genau das antut, was sie zu verhindern sucht?

Was du aus dem Wundern über Selbstschutz lernen kannst

1. Die Bereitschaft, sich vorzuwagen und das Risiko einzugehen, verletzt zu werden, ist dasselbe wie die Bereitschaft zu lernen, wie man aufhört, verletzend zu sein.

2. Wir müßten nie wieder drohen, daß niemand es wagen wird, uns so miserabel fühlen zu lassen, wenn wir – genau im Moment unserer Drohung – innerlich sehen könnten, daß das einzige, was uns dieses Gefühl vermittelt, unser Wunsch ist, uns niemals so zu fühlen.

3. Die Natur, die sich selbst erneuert, braucht keinen Schutz, und deine wahre Natur ist das Neue selbst.

Es liegt eine große Schönheit darin, ohne Angst oder Furcht durchs Leben zu gehen. Die Hälfte unserer Ängste ist unbegründet, und die andere Hälfte schädlich.

Christian Bovee

Wundern über Selbstliebe

Selbstliebe ist außerstande, Rücksicht auf andere zu nehmen. Sie denkt nur, daß sie an andere denkt. Dabei sorgt sie sich lediglich darum, was die anderen über sie denken, und das einzige Gefühl, aus dem sie sich etwas macht, ist ihre eigene Sorge - ansonsten ist ihr alles gleichgültig. Der Beweis dafür ist die Art und Weise, wie sie alle behandelt, von denen sie annimmt, daß sie sich nichts auch ihr machen. Darüber wundere ich mich...

... Ist Selbstliebe überhaupt Liebe?

Was Du aus dem Wundern über Selbstliebe lernen kannst

1. Selbstliebe sieht niemals ein, daß sie sich geirrt haben könnte, und nur weil sie meint, so großzügig und geduldig zu sein, kann sie die vielen Fehler der anderen tolerieren.

2. Selbstliebe mißt alle anderen an der Vollkommenheit, die diese immer ziemlich schlecht aussehen läßt, während sie sich selbst immer etwas größer macht.

3. Da die Wurzeln der Selbstliebe in der Selbstüberschätzung liegen, die sich selbst immer über alles stellt, was sie sieht, ist sie letztlich nichts anderes als totale Vereinsamung.

Selbstliebe ist die heikelste und schwierigste unserer Gefühlsregungen. Ein Nichts kann sie zutiefst verletzen, aber nichts kann sie außer Fassung bringen. Der Schatten der Sonne ist am längsten, wenn ihre Strahlen am tiefsten stehen. Auf der anderen Seite sind wir immer am kleinsten, wenn wir uns am größten machen.

Wundern über menschliches Mitgefühl

Wirkliches Mitgefühl liegt in unserer Fähigkeit, daran zu denken, daß ein wütender, rachsüchtiger oder haßerfüllter Mensch gewöhnlich nur jemand ist, der den Druck seiner eigenen, mühsam verborgenen Verzweiflung nicht mehr ertragen kann. Irgendwo muß der Schmerz dann abgeladen werden. Sie ist insgeheim völlig verzweifelt, weil sie meint, er macht sich nichts mehr aus ihr, also macht sie einen Rundumschlag. Er hat Angst, daß sie ihn nicht ernst nimmt, also fühlt er sich getrieben, sarkastisch oder überheblich zu reagieren. Darüber wundere ich mich...

... Wären wir immer noch so rasch bei der Hand mit dem Zurückschlagen, nachdem uns jemand eine Ohrfeige verpaßt hat, wenn wir sehen könnten, daß er mit seinem eigenen Schmerz bereits genug gestraft ist?

Was du aus dem Wundern über menschliches Mitgefühl lernen kannst

1. Es gibt immer einige Menschen, die dich in ihren Schmerz hineinziehen möchten, aber es zeugt von hohem Mitgefühl, wenn man sich weigert, sich hineinziehen zu lassen.

2. Unsere Fähigkeit zum Mitgefühl ist ebenso groß wie unsere Bereitwilligkeit, bewußt zu leiden.

3. Mitgefühl belohnt sich selbst, denn wenn man jemandem hilft, eine Hürde zu überwinden, hilft man insgeheim sich selbst.

Wenn wir die geheime Geschichte unserer Feinde lesen könnten, würden wir in den Sorgen jedes einzelnen genug Leid erkennen, daß wir darüber alle Feindseligkeiten begraben könnten.

Henry Wadsworth Longfellow

Wundern über
deinen inneren Groll

So etwas wie einen »Zorn des Gerechten« gegen jemanden gibt es nicht. Jedes einzelne dieser brennenden inneren Haßgefühle gegen einen Mitmenschen kommt aus der Weigerung, das eigene Leben selbst zu bestimmen. Ja zu sagen, wenn wir in Wirklichkeit lieber nein sagen würden, ist ein gutes Beispiel. Jemandem aus Angst vor Zurückweisung Honig ums Maul zu schmieren, ist ein anderes. Beide Handlungen kommen aus Schwäche und sind geeignet, selbstzerstörerische Haßgefühle zu züchten, denn unser Wunsch nach unaufrichtiger Anpassung läuft unserem natürlichen Bedürfnis nach Selbstbestimmung zuwider. Darüber wundere ich mich...

... Warum machen wir uns mehr Gedanken darum, wie jemand anders sich fühlt, als darum, was wir uns selbst für Gefühle bereiten.

Was du aus deinem Wundern über inneren Groll lernen kannst

1. Innerer Groll verbrennt den, der ihn in sich trägt, viel schneller, als der, gegen den er sich richtet, überhaupt etwas davon merkt.

2. Der Grund, warum wir nur selten jemandem, auf den wir wütend sind, verzeihen können, ist nicht etwa, weil die Person sich mittlerweile innerlich gewandelt hat, sondern weil wir, wenn wir annehmen würden, sie hätte sich gewandelt, uns selbst wandeln müßten.

3. Es ist reine Zeitverschwendung, auf einen Menschen oder eine Gruppe wütend zu sein, weil sie dich scheinbar beherrschen. Du kannst deine Energie genausogut darauf verwenden, zu sehen, daß du selbst ihnen die Macht über dich gegeben hast, und was du gegeben hast, kannst du dir immer zurückholen.

Wir sind immer nur so zufrieden oder unzufrieden mit unseren Mitmenschen, wie wir mit uns selbst sind. Das Bewußtsein, etwas falsch gemacht zu haben, macht uns gereizt, und unser Herz gerät in einen heftigen Streit mit dem, was draußen ist, um den Tumult im Inneren zu übertönen.

Henri Amiel

Wundern darüber, wie man die Zustimmung anderer sucht

Bei anderen Bestätigung zu suchen und zu finden ist, als würde man sich mit hungrigem Magen an eine eingebildete Tafel setzen. Du bist eingeladen, alles zu essen, was du willst, aber gleich wieviel eingebildete Speise dir gegeben und wie vornehm sie dir dargereicht wird, du wirst niemals satt werden. Dein Hunger wird bleiben. Soviel steht fest: Kein fiktiver Schmaus wird jemals dein Bedürfnis nach Nahrung befriedigen können. Diese Tatsache ist jedoch nicht so offensichtlich, wenn es um deinen Hunger nach Bestätigung geht. Wir suchen unser Selbstwertgefühl immer noch bei anderen, obwohl es in demselben Moment, in dem es empfangen wird, auch schon wieder erneuert werden muß. Darüber wundere ich mich...

... Was nützt uns ein gutes Gefühl, das wir von uns haben, wenn es nur so lange währt, wie andere ihm zustimmen?

Was du aus dem Wundern über die Suche nach Zustimmung lernen kannst

1. Zu glauben, daß du ohne die Zustimmung anderer nicht glücklich sein kannst, ist, als würdest du glauben, daß du etwas Schönes nicht ohne die Augen eines anderen sehen könntest.

2. Frage dich selbst, was dir das Lob eines Menschen bringt, der sich selbst täglich verflucht.

3. Wenn du du etwas wirklich Dauerhaftes in diesem Leben finden willst, dann darfst du es nicht in einer der Welten suchen, die dir gegenwärtig bekannt sind.

Überleg einmal, was deine Fesseln sind in der Welt. Was mußt du erdulden, um die Achtung der Menschen zu behalten, die du so beschimpfst?

Francis Fenelon

Wundern über leere Entschuldigungen

Jedem kann etwas leid tun... nochmals leid tun... und dann nochmal. So sieht es in unserem persönlichen Leben aus. Alles, was sich jemals verändert, sind die Gründe, aus denen wir uns zu entschuldigen haben. Es scheint, unser Bedauern erlebt eine Inflation. Es erfordert spezielle innere Arbeit, um über immer nichtssagender werdende Entschuldigungen hinauszugehen. Eine echte Entschuldigung, die aus tief empfundenem Bedauern kommt, macht einen Menschen wirklich »unschädlich«. Sie stammt nicht aus einem vorübergehenden Bedauern über etwas, was wir getan haben, sondern aus einer Begegnung mit der dunklen Seite unseres Wesens, die uns zu düsteren Taten treibt. Einfach zu sagen: »Es tut mir leid« für dies und jenes, ohne sich darüber bewußt zu sein, was in uns gegen uns selbst und andere wirksam ist, ist die Garantie dafür, daß es uns tatsächlich immer nur ein bißchen leid tun wird. Darüber wundere ich mich...

... Tut es uns wirklich leid, wenn wir unseren Mitmenschen gegenüber grausam sind, oder tut es uns nur leid, weil es uns eventuell teuer zu stehen kommt?

Was du aus dem Wundern über leere Entschuldigungen lernen kannst

1. Es ist keineswegs unfreundlich und durchaus klug, alle leeren Entschuldigungen ungeöffnet zurückzugeben.

2. Wenn uns etwas wirklich leid tut, können wir nicht mehr länger das Bedürfnis haben, an uns selbst zu denken, denn wir wissen, daß es unser rücksichtsloser Egoismus war, der den Schaden überhaupt erst verursacht hat.

3. Nur wenn wir aufhören, selbst leere Entschuldigungen auszusprechen, werden wir uns nie mehr von den leeren Entschuldigungen anderer täuschen lassen.

Der Pfad des Leidens, und nur dieser, führt uns in ein Land, in dem das Leiden unbekannt ist. Kein Reisender ist jemals in dieses Land gelangt, der nicht zuvor Dornen und Disteln auf seinem Weg gefunden hat.

William Cowper

Zehn wichtige Punkte,
die man bedenken sollte, wenn es um das
Wunder von Beziehungen geht

1. Wenn deine Absichten klar sind, spielt es keine Rolle, was die anderen wollen.

2. Warum solltest du eine Entschuldigung, die nicht von Herzen kommt, annehmen? Du würdest ja auch keine leere Schachtel von einem geschickten Verkäufer kaufen.

3. Das Gute im geringeren von zwei Übeln zu suchen ist dasselbe, wie in der Finsternis einer Höhle nach dem Regenbogen Ausschau zu halten.

4. Bewußte Selbsterkenntnis ist für richtiges Entscheiden, was eine gute Wegbeschreibung für ein sicheres Ankommen ist.

5. Jede Verurteilung eines anderen kommt aus unserer eigenen Unsicherheit.

6. Wenn jemand das Leben haßt, bist niemals du dafür verantwortlich.

7. Vergiß nie, daß die Person, zu der du sprichst, zuerst deinen inneren Zustand zur Kenntnis nimmt, und erst dann das, was du sagst.

8. Die meisten Menschen verbringen lieber ihre Zeit damit, sich über die Früchte aus Nachbars Garten zu mokieren, als sich an die Arbeit zu machen und selbst welche anzubauen.

9. Halte dich von Menschen fern, denen immer alles leid tut, oder es wird dir leid tun.

10. Niemals sind wir kleiner, als wenn wir auf Kosten der Schwächen anderer den Eindruck erwecken wollen, groß zu sein.

Kapitel 9

Das Wundern über Angst, Frustration und andere Sorgen

Wundern über
Angst und Unwissenheit

Die finsteren Riesen Angst und Unwissenheit sind enge Verbündete. Nur jemand, der genau weiß, was in seiner Macht liegt und was nicht, kann sie besiegen. Es ist beispielsweise niemals möglich, die Angst zu besiegen, denn Angst existiert nur als Schatten des Unbekannten, und Schatten kann man nicht besiegen. Es liegt jedoch durchaus in unserer Macht, das Unbekannte herauszufordern und uns darauf einzulassen, denn nichts kann uns davon abhalten dazuzulernen. Das ist das einzige Schwert, das alle dunklen Schatten besiegt. Wenn der eine Riese fällt, was bleibt da dem anderen übrig, als ihm zu folgen? Darüber wundere ich mich...

... Wenn wir merken, daß wir im Schatten einer Angst leben, ist das nicht dasselbe, als würden wir uns unbewußt damit abfinden, mit unserer Unwissenheit zu leben?

Was du aus dem Wundern über Angst und Unwissenheit lernen kannst

1. Sich zu erlauben zu wissen, daß man nichts weiß, ist dasselbe wie sich die Gelegenheit zu geben, dazuzulernen.

2. Das Unbekannte ist in Wirklichkeit nichts anderes als unsere eigenen, unhinterfragten Gedanken, die auf den vor ihnen liegenden Weg schauen und darin ihr eigenes Abbild sehen.

3. Augenblick für Augenblick, einen Wunder-vollen Schritt nach dem anderen, kannst du dich dafür entscheiden, bewußt in das vorzudringen, was bisher unbekannt war, und es zu zerlegen. Wenn es dann schließlich zerfällt, was bleibt da der Angst noch zu verbergen?

Unwissenheit ist die Nacht des Denkens, aber eine Nacht ohne Mond und Sterne.

Konfuzius

Wundern über Ungeduld

Hier ist eine interessante und leicht zu beobachtende Tatsache: Alle negativen Emotionen widersprechen sich selbst. Sie versprechen ihrem Halter eine Sache, aber bewirken eine andere. Zum Beispiel die Ungeduld. Dieser Zustand dringt immer darauf, daß irgend etwas sofort getan werden muß, um eine Möglichkeit wahrzunehmen oder einem Notstand vorzubeugen. Je mehr Energie wir jedoch auf unsere Ungeduld verwenden, desto weniger haben wir, um unserem eigenen wachsenden Gefühl der Unsicherheit entgegenzuwirken. Darüber wundere ich mich...

... Wozu soll man versuchen, zukünftige Sorgen abzuwenden, wenn man – als Folge dieses vergeblichen Versuches – ebendiese Sorgen, die man eigentlich vermeiden wollte, dadurch verursacht?

Was du aus dem Wundern über die Ungeduld lernen kannst

1. Beginne, indem du den Verdacht hegst, daß deine ungeduldigen Gedanken und Gefühle, die dir einen Regenschirm verkaufen wollen, nicht die Absicht haben, dich vor einem kommenden Regen zu schützen, sondern dich erst in einen Regen zu führen.

2. Ein Verstand, der für sich selbst erwacht ist, ist frei von allen schmerzlichen Widersprüchen.

3. Ungeduld ist nicht der natürliche Zustand, der dem Wunsch unseres Herzens dient, sich konstant zu erweitern, sondern es ist ein unnatürlicher Zustand, der immer von unserer Sicherheit begleitet ist, daß wir bereits wissen, was wir brauchen, um unser Ziel zu erreichen.

Wenn wir klug und bedächtig handeln, werden wir merken, daß nur die großen und wertvollen Dinge eine dauerhafte und absolute Existenz haben und daß geringfügige Ängste und temporäre Freuden nur der Schatten der Wirklichkeit sind. Geduld und Bedachtsamkeit sind immer Grund zur Freude und führen zum Höheren.

Henry David Thoreau

Wundern über nutzlose Gefühle

Wir sind immer davon ausgegangen, daß das, was wir fühlen, und wie wir uns fühlen, seinen Ursprung in den Dingen hat, die sich vor unseren Augen abspielen. Es ist jedoch nicht schwer zu beweisen, daß das, was wir zu sehen meinen, in Wirklichkeit sehr stark davon abhängig ist, wie wir uns im Moment fühlen. Selbst wenn kein Wölkchen am Himmel die Sonne verdunkelt, begegnen wir nicht ständig Menschen, die sich trotzdem niedergeschlagen fühlen oder schlechte Laune haben? Darüber wundere ich mich...

... Warum ist es manchmal so schwer zu sehen, daß das einzige, was im Leben annähernd nutzlos ist, das Gefühl ist, daß das Leben nutzlos ist?

Was du aus dem Wundern über nutzlose Gefühle lernen kannst

1. Jeder Gedanke und jedes Gefühl, das möchte, daß du dich schlecht fühlst, ist nutzlos.

2. Eine todsichere Methode, um herauszufinden, ob ein innerer Zustand nutzlos ist oder nicht, besteht darin, ganz still zu beschließen, daß du von nun ab ohne ihn leben willst. Wenn darauf Angst folgt, kannst du dir ganz sicher sein, daß er nutzlos ist.

3. Das wahre Maß für Lebensqualität liegt nicht darin, welchen Ereignissen wir begenen, sondern darin, als was für Menschen wir uns erweisen, wenn wir ihnen begegnen.

Es steht in unserer Macht, uns kein Urteil über eine Sache zu machen und uns in unserer Seele nicht von ihr anrühren zu lassen, denn die Dinge an sich haben keine natürliche Macht, unser Urteil zu beeinflussen.

Mark Aurel

Wundern über
das Erwachen

Wenn wir von Alpträumen heimgesucht werden, haben wir beinahe keine andere Wahl, als all den unerwünschten Kräften und Gestalten, die in unserem Unterbewußtsein verborgen sind, ihren Lauf zu lassen. Wir erwachen, wenn wir den Traum nicht mehr länger ertragen können, wenn es zu schmerzhaft für uns ist, weiterzuschlafen. Wenn wir unsere Augen dann wieder öffnen, ist es eine enorme Erleichterung für uns, wenn wir entdecken, daß es lediglich daran gelegen hat, daß sie geschlossen waren und wir in dem Dunkel unserer eigenen unbewußten Gedanken gefangen waren, ohne es zu wissen. Wenn wir für unseren wirklichen Zustand erwacht und uns der Welt außerhalb der beängstigenden Welt unseres Unbewußten bewußt sind, verschwinden unsere Ängste auf natürliche Weise wie von selbst. Das ist die Bedeutung des Erwachens. Das ist es, was uns das Leben versüßen kann. Darüber wundere ich mich...

... Sollten wir uns angesichts der düsteren Aussichten auf die Ängste, die wir haben, wenn wir nicht schlafen, nicht Gedanken darüber machen, ob wir wirklich wach sind, oder vielleicht doch noch schlafen?

Was du aus dem Wundern über dein eigenes Erwachen lernen kannst

1. Der Unterschied dazwischen, für dich selbst erwacht und in dir selbst im Schlaf zu sein, ist wie der Unterschied dazwischen, der Wind selbst oder nur ein Blatt im Wind zu sein.

2. Wenn unser Wunsch zu erwachen größer ist als unser Verlangen nach ungestörten Träumen, wird alles, was geschieht, unserem fortgesetzten Erwachen dienen, statt uns unwissentliche Diener unseres Schlafes bleiben zu lassen.

3. Bevor wir für unser Selbst erwachen können, müssen wir erst einmal von uns selbst erwachen.

Nichts ist uns mehr verborgen als die Illusion, die von Tag zu Tag mit uns fortlebt, und unsere größte Illusion ist es, zu glauben, daß wir der sind, der wir zu sein glauben.

Henri Amiel

Wundern über
das Finden der Freiheit

Wenn wir außerhalb von uns selbst nach etwas suchen, was uns Freiheit geben kann, dann werden wir zwangsläufig mit leeren Händen ausgehen, denn nichts hält uns mehr gefangen als unsere eigene unerwachte Natur. Die wenigen, die frei sind, sind diejenigen, die herausgefunden haben, daß die Freiheit nicht in der Ferne zu finden ist. Es gibt keine äußeren Umstände, die zur Freiheit führen. Freiheit ist das, was wir sind, jedesmal, wenn wir uns dabei erwischen können, daß wir dabei sind, uns in das Gefängnis unserer Gedanken zu begeben. Denn unser erwachendes Bewußtsein löst augenblicklich unsere eingebildete Gefangenschaft auf. Genauso wie unser selbst verursachtes Leiden allmählich verschwindet, so verschwindet auch das verzweifelte Bedürfnis zu entkommen. Wir sind bereits frei. Darüber wundere ich mich...

... Wer ist hoffnungsloser versklavt als derjenige, der sich selbst für frei hält?

Was du aus dem Wundern über das Finden der Freiheit lernen kannst

1. Um dich aus einem düsteren Gefühl, das dich beherrscht, zu befreien, denke einfach daran, daß du die Freiheit hast, dein Interesse an dieser Quälerei jederzeit, wenn du willst, aufzukündigen.

2. Die meisten Frauen und Männer finden die Freiheit niemals, weil sie zu beschäftigt damit sind, irgendwo nach einer geöffneten Tür zu suchen, und dabei die Leiter übersehen, die direkt vor ihren Füßen steht.

3. Habe keine Angst, vor dir selbst zuzugeben, daß du über die Freiheit überhaupt nichts weißt, und dann darauf zu achten, wie dieses Bekenntnis dich frei macht, damit du beginnen kannst, deinen Ausweg zu finden.

Der ist eine freier Mann, den die Wahrheit frei macht. Neben ihm sind alle anderen Sklaven.

William Cowper

Wundern über Probleme

So etwas wie Probleme gibt es überhaupt nicht. Kein Problem existiert in Wirklichkeit. Laß zu, daß du die Wahrheit dieser Tatsache erkennst, indem du dir folgendes klar machst: Dinge, die wir verstehen, sind keine Probleme. Nur Dinge, die wir nicht verstehen, können Probleme sein. Das zeigt, daß das einzige Problem, dem wir jemals begegnen werden, unser eigener Mangel an Verständnis ist. Aber selbst das kann nicht als Problem bezeichnet werden, weil die einzige Beschränkung, die unserer Fähigkeit, immer mehr zu verstehen, im Wege steht, unsere irrige Annahme ist, daß wir alles bereits wissen. Darüber wundere ich mich...

... Wenn ein Problem überhaupt nicht lösbar scheint, wäre es da nicht klug, unsere gegenwärtige Art zu denken als ein Teil des Problems zu sehen, anstatt uns darauf zu verlassen, daß sie uns die Lösung zeigt?

Was du aus dem Wundern über Probleme lernen kannst

1. Probleme haben keine reale Macht über dein wirkliches Wesen, ebenso wie die Dunkelheit keine Macht über das Licht hat.

2. Wenn wir etwas begegnen, was unser gegenwärtiges Verständnis übersteigt, dann werden wir nicht locker lassen, bis wir es verstanden haben. Dazu müssen wir jedoch bestimmte Annahmen, an denen wir unbewußt unser Leben lang festgehalten haben, aufdekken. Wenn es uns gelingt, diese niemals in Frage gestellten Annahmen aufzulösen, wird sich zu unserer großen Freude herausstellen, daß sie das einzige Problem waren, was wir jemals gehabt haben.

3. Wenn Probleme mit dem Wunsch dazuzulernen einhergehen, werden sie schnell zu inneren Stärken, die du noch in dir entdecken kannst.

Keine Wahrheit ist so erhaben, daß sie nicht schon morgen im Licht neuer Gedanken belanglos geworden sein kann. Menschen haben gern ihre Ruhe, Hoffnung gibt es jedoch für sie nur soweit, wie sie bereit sind, unruhig zu sein.

Ralph Waldo Emerson

Wundern über
schmerzhafte Angewohnheiten

Routinen sind wichtig, wenn man Ordnung halten will. Ordnung leistet der Sicherheit Vorschub. Sicherheit ist das Rückgrat der Freiheit. Und aus der Freiheit kommt die Kraft der Selbstbestimmung, das zu tun, was man will. Oft geschieht es jedoch, daß man auf der Suche nach der Freiheit zum Gefangenen seiner eigenen Routinen wird. Die Angst, sich außerhalb des Terrains des Bekannten zu bewegen, wird stärker als der ursprüngliche Wunsch, frei zu sein. Innerhalb dieses begrenzten Kreises unseres Selbst gibt es dann keine neuen Möglichkeiten mehr. Wir hören auf, selbst zu bestimmen, wie wir unsere Tage verbringen. Darüber wundere ich mich...

... Ab wann werden Gewohnheiten zu unsichtbaren Gefängnismauern?

Was du aus dem Wundern über schmerzhafte Angewohnheiten lernen kannst

1. Mach dir still für dich klar, daß es keine andere Möglichkeit gibt, schmerzhafte Gewohnheiten zu beenden, als – sie einfach zu beenden, und dann zögere nicht lange und schaff sie ab.

2. Die Grundlage jeder schmerzhaften Angewohnheit ist ein Tauschgeschäft, durch das du zwar die Gewißheit bekommst, zu wissen, was dir passieren wird, aber damit bezahlst, ständig zu wiederholen, was dich unglücklich macht.

3. Wenn du daran arbeitest, dich von alten Gewohnheiten zu befreien, solltest du daran denken, daß deine Möglichkeiten nicht in erster Linie durch deine praktischen Fähigkeiten, sondern durch dein Wissen begrenzt sind... jedenfalls vorerst.

Es ist ein seltsames Phänomen, daß man Männer dazu bringen kann, für die Freiheit der Welt zu sterben, die noch nicht einmal bereit sind, das kleine Opfer zu bringen, das nötig ist, sich selbst von ihren eigenen persönlichen Fesseln zu befreien.

Bruce Barton

Wundern über Bindungen

Über etwas, das uns nicht gehört, können wir uns nicht so freuen wie über Dinge, die wir für unser Eigentum halten. Etwas aufgeben zu müssen, was uns gehört, tut oft weh. Das Leben selbst gehört jedoch niemandem, weder deinen Freunden noch dir selbst. Alles im Leben befindet sich im Wandel, es gibt nichts, was man sich wirklich aneignen kann. Die vermeintlichen Besitzer besitzen nicht einmal sich selbst, geschweige denn, was sie in ihren Händen oder in ihrem Herzen tragen. Darüber wundere ich mich...

... Wie würde ich mich gegenüber der Person oder dem geschätzten Besitz fühlen, wenn ich damit zu rechnen hätte, daß sich jeden Moment alles ändern könnte?

Was du aus dem Wundern über Bindungen lernen kannst

1. Wenn wir an einem Gegenstand nicht nur die Schönheit des Gegenstandes selbst, sondern auch das Gefühl würdigen können, das mit seiner Ankunft verbunden ist, sollten wir uns ebensogut an seinem Fortgang erfreuen können.

2. Die stärkste Bindung haben wir an unser Selbstgefühl, das wir um keinen Preis loslassen wollen, selbst wenn es uns zur Last fällt.

3. Wir sollten uns fragen, ob es möglich ist, daß wir etwas ganz in uns aufnehmen, ohne es tatsächlich zu ergreifen.

Vergiß nie, daß das Rad der Vorsehung ständig in Bewegung ist. Die Speiche, die jetzt ganz oben ist, wird im nächsten Moment ganz unten sein. Daher solltest du immer auch ein wenig zittern, wenn du dich freust.

Philip Henry

Wundern über unerfüllte und frustrierende Wünsche

Wir wollen glücklich sein, daran ist nichts falsch. Wir wollen, daß die Welt, in der wir leben – gleich wie sie aussieht und wie groß sie ist –, uns zuerst anerkennt und dann irgendwie unterstützt, unser Leben so zu verwirklichen, wie nur wir – niemand sonst – es können. Wir möchten uns nützlich fühlen und wissen, daß unsere Mitmenschen genauso fühlen. Wir wollen, daß das Leben den Sinn erfüllt, den wir ihm gegeben haben, und uns den Weg bereitet, damit wir zu dem werden können, was wir sollen. Wir wollen, daß die Dinge sich so entwickeln, wie wir das gerne hätten. Manchmal tun sie das jedoch nicht. Wenn das der Fall ist, dann verlieren wir nicht nur das bessere Leben, das wir anstreben, aus den Augen, sondern das Leben, das wir haben, scheint sich sogar gegen uns zu verschwören. Darüber wundere ich mich...

... Was nützen uns unsere Wünsche, wenn ein Teil ihrer Macht zerstört, was wir bereits haben?

Was wir aus dem Wundern über unerfüllte und frustrierende Wünsche lernen können

1. Wenn das Gefühl der Frustration in uns aufsteigt, kann und sollte uns das daran erinnern, daß unser Ziel letztlich darin besteht, das zu wollen, was das Leben will.

2. Die Freiheit von Wünschen, die uns verfolgen, erlangen wir nur, soweit wir bereit sind zu sehen, daß unser Wünschen wie ein Faß ohne Boden ist.

3. Die Motte fliegt frustriert in die Flamme. Noch im Fallen schreit sie: »Das Licht ist schuld!«

Je mehr Wünsche ein Mensch hat, desto ärmer ist er und desto weniger merkt er, was er hat. Statt dessen wünscht er nur das, was er nicht hat.

Manilius

Wundern über die Einsamkeit

Angst, Wut und Falschheit sind ein furcht-
bares Trio. Die drei Folterknechte kommen
meistens zusammen, einer nach dem anderen.
Wenn du die Angst herausforderst, wirst du
sehen, wie schnell ihr die Wut mit ihrer aufbrau-
senden Kraft zu Hilfe kommt. Fordere die Wut
heraus, und du wirst sehen, wie die Falschheit
einspringt und dagegen protestiert, daß *du*
derjenige gewesen sein sollst, der dich in diese
Lage gebracht hat. Wenn du aber die Falschheit
herausforderst, wirst du merken, daß sie voller
Angst ist. Sie hat Angst, allein zu sein, und alles,
was sie daraufhin tun kann, ist, vorzugeben,
daß sie keine Angst hat. Darüber wundere ich
mich...

... Gibt es etwas, was hinter der Einsamkeit
steckt?

Was du aus dem Wundern über die Einsamkeit lernen kannst

1. Einsamkeit ist die Gelegenheit, allein zu sein. Bewußt allein zu sein ist die einzige Möglichkeit, jemals zu lernen, die Lüge der Einsamkeit zu durchschauen.

2. Das nächste Mal, wenn die Einsamkeit dir das Herz bricht, solltest du dich wundern und fragen, ob du dich ohne ihre düsteren Gedanken, die dir einreden, wie einsam du bist, genauso fühlen würdest.

3. Dein wirkliches Wesen würde ebensowenig in dem Gefühl der Einsamkeit nach sich selbst suchen, wie du am Grunde einer Höhle nach den Strahlen der Sonne suchen würdest.

Allein, der Mensch – schwach, schwankend –, doch mit Gott wird diese Handvoll Staub, geschaffen, um wieder vernichtet zu werden, geformt, um selbst zu formen, das Unbegreifliche begreifen, das Unaussprechliche äußern. Wenn das, was der menschlichen Intelligenz zu tiefgreifend erscheint, am Horizont auftaucht, wird keine Einsamkeit mehr sein und alles Elend weichen.

Emil G. Hirsch

Eine kurze Zusammenfassung, um zu helfen, durch Wundern Angst und Sorgen zu vertreiben

1. Zusammenbrechende Gefühle gehören ebensowenig zu dir wie ein Sturm, durch den du wanderst.

2. Stelle eine ängstliche Frage, und du wirst eine beängstigende Antwort erhalten.

3. Das, was dich dazu treibt, dich nutzlos zu fühlen, wird nicht eher ruhen, bis es dich zu seinen Zwecken benutzen kann.

4. Darüber nachzudenken, wie du dich in Zukunft schützen kannst, ist, als würdest du dir selbst auf den Zeh treten, damit du weißt, wie es sich anfühlt, falls irgend jemand sich später tatsächlich erdreisten sollte, dir auf den Zeh zu treten.

5. Die Angst braucht deine Mithilfe, um dich zu beängstigen.

6. Wenn du dein eigenes Leben führst, heißt das noch lange nicht, daß du alles, was um dich herum vor sich geht, auch bestimmen kannst, es heißt lediglich, daß du das bestimmst, was *in* dir vor sich geht.

7. Die Angst möchte nicht, daß du erfährst, daß sie keine Macht über dich hat außer in den Bereichen, in denen du ihr bereits Glauben geschenkt hast. Sie hat keine Macht über dich in der Gegenwart, sondern nur in der Vergangenheit.

8. Die Dunkelheit hat keinen Namen, kein Gesicht, außer dem, das wir ihr auferlegen.

9. Werden Zukunftsängste jemals wahr, oder verwirklichen wir sie nicht vielmehr durch unsere Sorgen?

10. Du müßtest dich niemals für ein zukünftiges Glücksgefühl verausgaben, wenn du in der Gegenwart
daran arbeiten würdest, dich deinen unglücklichen
Gefühlen zu verweigern.

Kapitel 10

Wundern
über das Denken

Wundern über
den menschlichen Geist

Nachdem der Mensch zu erstenmal beob-achtet hatte, wie ein Vogel durch die Luft fliegt, ließ sein Verstand nicht eher locker, bis er das Geheimnis des Fliegens ergründet hatte. Als er die Sorgen und das Leid gesehen hatte, die durch Seuchen und Krankheiten über die Menschheit gebracht wurden, mußte er die wirklichen Ursachen und Heilmöglichkeiten ergründen. Und als er hinauf in die sternklare Nacht schaute, setzte er die ganze Kraft seines Verstandes ein, um irgendwann selbst von dort oben auf die Erde hinabschauen zu können. Darüber wundere ich mich...

Warum ist der menschliche Geist ange-sichts all der Welten, die durch der Forschungs-drang des Verstandes erreicht, durchdrungen und nutzbar gemacht worden sind, so wenig daran interessiert, sein eigenes Geheimnis zu ergründen?

Was du aus dem Wundern über den menschlichen Geist lernen kannst

1. Ein zerstreuter Geist hat viele Möglichkeiten, aber keinen Ruhepunkt.

2. Es ist ein spirituelles Gesetz, daß der gezielte und sinnvolle Einsatz deines Verstandes dich letzlich zu einem neuen Denken führen wird. Dein neues Denken findet sein unvergängliches Glück darin, daß du dich selbst erkennst.

3. Für einen Geist, der lernt, sich selbst zu verstehen, gibt es keine Grenzen, während ein Geist, der im Schlaf und im Dunkel verharrt, ständig an seine eigenen Grenzen stößt.

Wenn wir Marmor behauen, wird es irgendwann verwittern, wenn wir Messig hämmern, wird die Zeit ihre Spuren darauf hinterlassen, wenn wir Tempel errichten, werden sie irgendwann zu Staub zerfallen, aber wenn wir den unsterblichen Geist formen und gerechte Prinzipien in ihm verwurzeln, dann schreiben wir auf Tafeln, auf denen der Lauf der Zeiten keine Spuren hinterläßt, sondern die vielmehr bis in alle Ewigkeit heller und heller werden.

Daniel Webster

Wundern über Selbstsicherheit

Es gibt Menschen, die behaupten, nichts ist heilig. Sie sind sicher, daß es keinen Gott gibt. Es gibt in ihren Augen keine Beweise dafür. Sie haben nachgeschaut und keine Anzeichen erkennen können. Sie haben gesucht und keinen Kontakt gefunden. Bedenke aber, daß es auch Menschen gibt, die in ihrer eigenen Wohnung den Schlüssel verloren und nicht mehr wiedergefunden haben. Darüber wundere ich mich...

... Könnte es sein, wenn wir den Gegenstand unserer Suche nicht finden können, wie auch immer er geartet ist, weltlich oder überweltlich, daß es vielleicht daran liegt, daß wir so sicher zu sein meinen, wo wir zu suchen haben?

Was du aus dem Wundern über Selbstsicherheit lernen kannst

1. Nichts führt mit größerer Gewißheit in eine Niederlage als vollkommene Selbstsicherheit.

2. Immer wenn wir etwas Wichtiges verloren haben, durchforscht unsere Erinnerung sich selbst, um herauszufinden, wo wir am besten suchen sollen. Das Heilige, immer Neue jedoch, kann niemals in der Erinnerung gefunden werden.

3. Unglück und Selbstsicherheit sind heimliche Liebhaber, die es sich zur strikten Regel gemacht haben, sich niemals in der Öffentlichkeit gemeinsam sehen zu lassen.

Alle Menschen, die nicht wissen, wo sie nach der Wahrheit suchen sollen, außer in dem flachen Brunnen ihres eigenen Denkens, werden dort nichts weiter finden als ihr eigenes Spiegelbild und glauben, es sei das, wonach sie suchen.

J. R. Lowell

Wundern über
die Unentschiedenheit

Jeder hat schon einmal die innere Angst und Spannung verspürt, die damit verbunden ist, wenn man wichtige Entscheidungen im Leben nicht mehr länger vor sich herschieben kann. Wir leiden darunter, daß wir am liebsten im Moment überhaupt nichts entscheiden würden. Wir wissen zwar, daß es auch nicht besser wird, wenn wir überhaupt nichts tun, aber das Nicht-Handeln würde uns zumindest die Sicherheit geben, nichts Falsches zu tun. Darüber wundere ich mich...

... Wenn die Wurzel der Unentschlossenheit die Angst ist, ist es dann nicht immer ein Fehler, unentschlossen zu sein?

Was du aus dem Wundern über deine Unentschlossenheit lernen kannst.

1. Wenn man weiß, daß man etwas nicht weiß, gibt es immer die Möglichkeit, keine Entscheidung zu fällen. Das ist jedoch etwas ganz anderes, als wenn man mit dem Konflikt der Unentschlossenheit leben muß, obwohl man meint, die richtige Enscheidung zu kennen, aber Angst hat, sie zu treffen.

2. Es ist besser zu leben und aus Fehlern zu lernen, als überhaupt nicht zu lernen und nicht zu leben.

3. Unentschlossenheit ist immer die unbewußte Entschlossenheit, weiterhin in Zwiespalt und Angst zu leben. Wenn du jedoch den Mut aufbringst, deinen Widerstand zu brechen und das Tor deiner Möglichkeiten zu durchschreiten, wirst du auf der anderen Seite entdecken, daß das Leben ein Fluß ist.

Immer die Absicht zu haben, sein Leben in vollen Zügen zu leben, aber sich niemals zu entschließen, es wirklich in Angriff zu nehmen, ist so, als würde man von einem Tag auf den anderen aufhören zu essen, zu trinken und zu schlafen, bis man verhungert und zerstört ist.

John Tillotson

Wundern über ein Lebensziel

Ohne ein beständiges und klares inneres Ziel vor Augen geht das Leben an uns vorüber. Unsere Lebensenergie wird auf einem Schiff ohne Steuermann vergeudet, das ziellos auf dem Meer des Lebens treibt. Anstatt unser Ziel zu bestimmen und anzusteuern, werden wir vom Wind und von den Launen unseres unstrukturierten Geistes, der immer nach etwas sucht, aber nicht weiß wonach, hin und her geworfen. Bis es schließlich zu spät ist und unsere Vorräte erschöpft sind. Dann müssen wir in irgendeinem Hafen, den wir uns nicht ausgesucht haben, vor Anker gehen. Darüber wundere ich mich...

... Wenn dein Geist immer weiter arbeitet und sich bewegt, obwohl du ihn gebeten hast, still zu sein, für wen und zu welchen Zweck arbeitet er dann?

Was du aus demWundern über ein Lebensziel lernen kannst

1. Wenn eines deine großen Ziele im Leben darin besteht, dich selbst zu erkennen, dann hast du den Wind immer im Rücken, und jeder Hafen, den du ansteuerst, wird einen Schatz für dich bereithalten.

2. Ohne Aufmerksamkeit gibt es kein Unterscheidungsvermögen, und ohne die Fähigkeit, das Vergebliche vom Lohnenden zu unterscheiden, wird jede Ablenkung, die auf unsere Sinne einstürmt, zu einem passenden Ziel.

3. Das Ziel deines Verstandes besteht darin, dir zu der unglaublichen, erschütternden Erkenntnis zu verhelfen, daß er den wahren Sinn deines Lebens nicht wissen kann.

Der Mensch, der sich in seinem Leben auf eine einzige Sache konzentriert, hat Hoffnung, sie auch zu erreichen. Wer jedoch alles mögliche anstrebt, wird von den Hoffnungen, die er sät, nichts weiter ernten können als fruchtloses Bedauern.

Edward Bulwer-Lytton

Wundern über
ein Leben des Lernens

Immer wenn im Leben etwas Schmerzliches geschieht, fällt es auf eine von zwei Seiten der betroffenen Person zurück. Die eine ist die ablehnende Seite. Wenn sie überhandnimmt, regiert die Verweigerung. Bedauern, Selbstmitleid und endlose Rechtfertigungen sind gewöhnlich die Folge. Oder der Schicksalsschlag aktiviert die andere, wütende Seite, die sich im Feuer der Negativität verzehrt. Wut und Abneigung toben sich aus. Haß und das Gefühl, betrogen worden zu sein, eskalieren zu selbstgerechten Plänen, die sich mit ihrer Rache offensichtlich an die Falschen richten. Beide dieser traurigen Seiten haben gemeinsam, daß sie ihren Inhaber völlig hilflos zurücklassen. Wohin er sich auch wendet, immer trifft er auf eine der beiden Seiten, nichts ändert sich außer der Art des Schmerzes, die er dort findet. Darüber wundere ich mich...

... Worauf fällt ein schmerzliches Ereignis bei uns zurück, wenn wir uns entschließen, als Lernende zu leben?

Was du aus dem Wundern über ein Leben als Lernender lernen kannst

1. Du bist eine lebendige Gebrauchsanweisung, die studiert, angewendet und verwirklicht werden will.

2. Selbstschulung ist im wesentlichen Selbstermutigung, denn 99% dessen, was uns Angst macht, ist das, was wir zu spät über uns selbst lernen.

3. Einige der wichtigsten Lektionen, die wir lernen können, ohne viel darüber nachzudenken, ist die Entdeckung, daß es völlig in Ordnung ist, wenn einem der Stoff zum Nachdenken einmal ausgeht.

Das Nützlichste, was wir im Leben lernen können, ist zu verlernen, was unwahr ist.

Antisthenes

Wundern über den Wandel

Auf der einen Seite wird niemand widersprechen, wenn man feststellt, daß der Wandel die einzige Konstante im Leben ist und daß wir durch unsere Bereitschaft, offen auf das Neue zuzugehen, eine geistige Vielfalt gewinnen können, die auf keine andere Weise zu gewinnen ist. Wie der Keimling, der erstarkt, wenn er lernt, sich im Wind zu biegen, so formt uns der Wandel auf seine eigene kluge Weise. Dennoch widersetzen wir uns oft dem Wandel und wollen ihn nicht wahrhaben. Wir wollen nichts damit zu tun haben, es sei denn, es macht den Anschein, daß es in unsere Pläne paßt. Es scheint, wir wollen den Wandel nur, wenn er nicht das wandelt, was wir beibehalten wollen. Darüber wundere ich mich...

... Was heißt es eigentlich, sich wirklich zu wandeln, außer daß man die Dinge, die man will, neu ordnet?

Was du aus dem Wundern über den Wandel lernen kannst

1. Wenn dir nichts mehr einfällt, wie du dich noch verändern kannst, dann bist du bereit für den ersten wirklichen Schritt hin zu einem völlig neuen Selbst.

2. Wenn wir in unseren Bemühungen, uns zu erneuern, auf verstärkte Widerstände stoßen, heißt das nicht, daß wir an unsere Grenzen des Wandels stoßen, sondern es kündigt an, daß wir an der Schwelle zu einer neuen Stufe der Entwicklung des Höheren Selbst stehen. Wir brauchen nur einzutreten, und schon gehört es uns.

3. Wenn du tief in dir weißt, daß alles im Wandel begriffen ist, dann weißt du auch, daß nichts in diesem Leben wirklich *für* oder *gegen* dich sein kann. Wenn du das weißt, dann ist alles gut in dir.

Die größten und wichtigsten Dinge im Leben sind allesamt in gewisser Weise unlösbar... sie können niemals gelöst werden, sondern man kann nur über sie hinauswachsen.

Carl Gustav Jung

Wundern über Niederlagen

Der wirkliche Sieg über das Leben ist nicht in dieser oder jener Errungenschaft zu suchen, sondern darin, daß wir unseren Glauben an Niederlagen überwinden. Wenn es uns einmal gelungen ist, das Dunkel einer Niederlage zu besiegen, werden wir nie wieder von einem ihrer idiotischen Begleiter heimgesucht, weder von der Angst noch von der Verzweiflung. Dieser Kampf um Selbstbeherrschung spielt sich jedoch im Inneren ab, denn Niederlagen haben keinen wirklichen Platz im Leben, sondern sie sind lediglich verwirrte Gefühle über das Leben. Darüber hinaus sind diese mißverstandenen Gefühle von Vergeblichkeit vollkommen überflüssig, denn nichts kann uns davon abhalten, wieder von vorn anzufangen. Zu meinen, man sei gescheitert, ist daher nichts anderes als ein gewaltiger Selbstbetrug. Es sind lediglich unsere eigenen Gedanken, die uns weismachen wollen, daß es zu spät ist und nichts mehr zu ändern ist, und damit ein Scheitern herbeireden. Darüber wundere ich mich...

... Was wäre, wenn das einzige, was uns immer wieder besiegt, unser eigener unbewußter Wunsch ist, uns als Verlierer zu fühlen?

Was du aus demWundern über Niederlagen lernen kannst

1. Eine Niederlage ist nichts anderes als die Erinnerung an einen Augenblick, in dem dir alles, was du wußtest, nicht mehr weitergeholfen hat. Um also wirklich von vorn anzufangen, mußt du als erstes dich selbst loslassen.

2. Tausend Pläne, weiterzumachen, sind nicht soviel wert wie eine einzige Einsicht in das, was uns davon abhält.

3. Ziehe mutig alle beunruhigenden Gedanken in Zweifel, die dir die Unvermeidlichkeit einer unglücklichen Lage einreden wollen.

Was ist eine Niederlage? – Nichts weiter als eine Lehre, nichts weiter als der erste Schritt zu etwas Besserem.
Wendell Phillips

Wundern über Selbstzweifel

Stunde für Stunde spielt sich in unseren Herzen ein geheimer Krieg ab. In dieser stummen Schlacht werden wir ständig von Selbstzweifeln belagert, die nicht aufhören können zu versuchen, es allen recht zu machen: Wie sehe ich aus? Was soll ich tun? Wie soll ich mich verhalten? Jede neue Begegnung stellt uns vor diese Herausforderung. Hinter dem Wunsch, das Richtige zu tun und uns selbst gerecht zu werden, steht die Angst, etwas falsch zu machen. Niemals haben wir davor unsere Ruhe. Obwohl wir es nicht sehen, wir tragen beide Seiten der Schlacht in uns selbst. Darüber wundere ich mich...

... Wie kannst du einen Krieg gewinnen, wenn du selbst das Schlachtfeld bist?

Was du aus dem Wundern über Selbstzweifel lernen kannst

1. Selbstzweifel sind Bestandteil unseres Nachdenkens über uns selbst, denn jeder dieser Gedanken enthält sein unsichtbares Gegenteil, und stellt sich folglich selbst in Frage.

2. Wenn du Selbstzweifeln begegnest, solltest du keinen Zweifel daran lassen, daß du sie entweder auflöst oder fallenläßt, aber auf gar keinen Fall zuläßt, daß sie dir die Antwort geben.

3. Eine einfache Möglichkeit, dich selbst inmitten der größten Verwirrung von Gedanken oder Gefühlen nicht zu verlieren, besteht darin, dich daran zu erinnern, daß du nicht aus ihnen bestehst.

Nichts kann dir Selbstsicherheit geben außer dem Selbst, das du wirklich bist.

Vernon Howard

Wundern über einen Neuanfang

Ereignisse verlangen Entscheidungen. Entschlüsse müssen gefaßt werden. In jedem Augenblick tun wir nach Wissen und Gewissen unser Bestes. Trotzdem irren wir oft und entscheiden uns gegen unsere eigenen Interessen. Für den Bruchteil einer Sekunde spüren wir, daß die Entscheidung falsch war und würden sie am liebsten korrigieren, aber im Sog der Ereignisse scheinen uns die Hände gebunden. Es scheint zu spät, jetzt noch gegen das Geschehene anzukämpfen, wir können nur hoffen, daß wir uns nicht schon morgen irgendwo befinden, wo wir eigentlich gar nicht sein wollten. In Wirklichkeit gibt es jedoch gar keinen erbarmungslosen Sog der Ereignisse, in den wir uns fügen müssen. Es ist nur die Flut unserer eigenen Gedanken, die uns fortträgt. Wir können jederzeit unser Leben von neuem beginnen, wenn wir daran denken, daß nichts *Wirkliches* uns davon abhalten kann, mit beiden Beinen auf der Erde zu stehen. Darüber wundere ich mich...

... Wo steht denn geschrieben, daß wir unser Leben in fremde Hände legen und in Konflikten und Selbstvorwürfen gefangen bleiben müssen?

Was du aus demWundern über einen Neuanfang lernen kannst

1. Nichts – und zugleich alles – ist unvermeidlich, solange wir bereit sind, so lange immer wieder von vorn anzufangen, bis sich unser Kurs geändert hat.

2. Das Neue in der Gegenwart hat kein Gegenteil und erfährt daher auch niemals einen Widerspruch. Dein aufrichtiger Wunsch, von vorn anzufangen, kann daher gar nicht schiefgehen.

3. Bloß darüber nachzudenken, von vorn anzufangen, ist ebensowenig ein Neuanfang, wie ein Buch über das Bergsteigen die frische Bergluft ersetzen kann.

Verliere keine Zeit, steh auf und begib dich erneut auf den Weg, denn jemand, der nach einem Fall schnell wieder aufsteht und weiterläuft, wird ebensogut ans Ziel gelangen, als sei er nie gefallen.

Miguel Molinos

Wundern über das Nicht-Wissen

Einen neuen Schmerz auf sich zu nehmen, um einen alten zu beseitigen, wie etwa, wenn man sich Sorgen macht über wachsende Zweifel, ist nicht gerade ein Zeichen dafür, daß wir wissen, was wir mit unseren Schmerzen anfangen sollen. Im Gegenteil. Geistige oder emotionale Schmerzen sind ein Zeichen dafür, daß wir nicht wissen, was wir tun sollen. Wenn wir den Konflikt verstehen würden, würde der Schmerz von selbst verschwinden. Wenn wir in eine Situation geraten, die mit Angst oder Schrecken besetzt ist, dann sind diese inneren Schwächezustände ein sicheres Zeichen dafür, daß irgend etwas nicht in Ordnung ist. Wir sollten das Zeichen richtig deuten, indem wir uns sagen: »Halt! Stop! Hier stimmt etwas nicht. Ich sollte lieber warten, bis der Weg wieder frei ist. Der Weg liegt direkt vor mir.« Darüber wundere ich mich...

... Wie oft sind wir schon an einen Punkt gekommen, wo es klar war, daß wir nicht mehr weiter wußten? Wir müssen lernen, daß wir immer, wenn es soweit ist, anhalten und einen Augenblick warten, anstatt so zu tun, als wüßten wir, was zu tun ist, und in schmerzliche Situationen zu geraten, die wir überhaupt nicht beabsichtigt hatten.

Was du aus dem Wundern über das Nicht-Wissen lernen kannst

1. Der Schmerz, der damit verbunden ist, daß wir uns eingestehen, nicht zu wissen, was wir tun sollen, ist kurz. Wenn wir jedoch vorgeben, wir verstehen, wird er solange bleiben, wie wir an der falschen Voraussetzung festhalten.

2. Es gibt tausend Wege hinaus aus der Wahrheit, aber nur einen hinein.

3. Wenn wir lernen zu leben, ohne uns ständig zu versichern, wer wir sind, und ohne zu wissen, was wir gegen unseren Schmerz tun sollen, wird der Tag kommen, an dem wir soviel über die Ursachen unserer Schmerzen gesehen haben, daß wir unseren Blick woanders hinlenken können.

Was nützt es, immer wieder die alten Pfade zu gehen?... Wir müssen Pfade ins Unbekannte finden.

Henry David Thoreau

Zehn hilfreiche Hinweise
zum Wundern über das Denken

1. Investiere Aufmerksamkeit, und du erhältst vollkommenen Schutz.

2. Wenn du denkst: »Ich sollte keine Angst haben, daher habe ich auch keine«, ist die Angst noch immer in dir. Du träumst nur, du hast keine Angst mehr.

3. Auf deine Einladung in dein Leben wartet eine Natur, die niemals über sich selbst nachdenkt.

4. Aufmerksamkeit ist der Anker des Jetzt.

5. Rollende Gedanken setzen Masse an.

6. Immer wenn wir zu allem entschlossen erklären: »Niemand wird es jemals wagen, mich noch einmal zu verletzen«, haben wir gerade das uns selbst angetan, was wir anderen verbieten.

7. Aus einer traurigen Situation wieder herauszukommen ist nicht dasselbe wie herauszufinden, was dich überhaupt in die Situation hineingebracht hat.

8. Die erste Entdeckung, die unsere erwachende Aufmerksamkeit macht, ist, daß wir niemals eine wirkliche Aufmerksamkeit besessen haben.

9. Das Schöne daran, etwas Größerem als unserem gegenwärtigen Verständnis zu begegnen, ist, daß wir unser altes Denken auflösen können, wenn wir darauf bestehen, es zu verstehen. Die Auflösung unseres alten Denkens ist die Voraussetzung für jedes neue Verständnis.

10. Das Licht reagiert nicht auf die Dunkelheit, es löscht sie aus.

Kapitel 11

Wundern über das Loslassen

Wundern über das Unerwartete

Für die meisten Menschen ist das Beste, worauf sie hoffen können, daß sie jeden Augenblick ihres Lebens sich selbst alles geben, was sie brauchen, um glücklich zu sein. Darüber wundere ich mich...

... Ist es möglich, daß dem Leben etwas Höheres vorschwebt, was es uns in diesen Augenblicken geben möchte?

Was du aus dem Wundern über das Unerwartete lernen kannst

1. Du kannst dein Leben damit verbringen, es zu zwingen, deinen Weg zu gehen, oder du kannst dein Leben zugunsten des Weges aufgeben, und es dir seine unvergängliche Zufriedenheit zeigen lassen.

2. Was wirklich neu ist, kann sich nur nach seinen eigenen Bedingungen zeigen, denn wenn du bestimmst, wie es zu geschehen hat, dann ist es nichts Neues mehr.

3. Sich in das Unerwartete zu verlieben ist dasselbe wie zu lernen, das Leben zu lieben.

Das Leben jedes Menschen ist ein Tagebuch, in das er eigentlich eine bestimmte Geschichte schreiben wollte, aber dann eine andere schreibt. Unsere demütigendsten Stunden sind die, in denen wir das, was wir geschrieben haben, mit dem vergleichen, was wir gern geschrieben hätten.

James M. Barrie

Wundern über negative Reaktionen

Es scheint mir, als würden wir fast immer durch irgendwelche Zustände gehen. Irgend jemand sagt etwas, was uns nicht paßt, oder eine schwierige Situation taucht plötzlich auf, und ehe wir uns versehen, ist die Welt um uns verfinstert. Darüber wundere ich mich...

... sind es wirklich die Ereignisse, die die Sonne vor unseren Augen verfinstern, oder sind es unsere eigenen düsteren Reaktionen auf diese Ereignisse, die sich zwischen uns und die Sonne schieben?

Was du aus dem Wundern über negative Reaktionen lernen kannst

1. Wenn alles gesagt und getan ist, ist das einzige, was übrigbleibt, um unser Gefühl im Moment zu bestimmen, das, was wir lieben.

2. Uns selbst zu lösen ist dasselbe wie unsere Sorgen zu lösen.

3. Das einzige, was in jedem Augenblick bestimmt, ob wir Sklaven oder Herren sind, ist unser Maß an Verständnis.

Vergiß nie, daß in Wirklichkeit nicht der Mann, der Schläge verteilt oder sich schlecht benimmt, dich beleidigt, sondern nur deine Sicht der Dinge als etwas Beleidigendes. Wenn dich daher jemand provoziert, kannst du dir sicher sein, daß es nur deine eigene Meinung ist, die dich provoziert.

Epiktet

Wundern über
das Lernen von Geduld

Wer von uns könnte sich nicht an einige Gelegenheiten erinnern, in denen er zu einer vorschnellen Entscheidung gelangt ist, die ihm eher geschadet als genutzt hat. Oft haben wir nicht nur die Lage auf den ersten Blick falsch eingeschätzt, sondern alsbald herausgefunden, daß etwas, was anfangs wie ein schlechte Nachricht aussah, sich als gut für uns entpuppt hat. Darüber wundere ich mich...

... Warum bestehen wir trotz all der Lektionen, die wir bisher im Leben gelernt haben, immer noch darauf, unsere Meinung den Ereignissen im Leben aufzudrängen? Dabei würden die Ereignisse uns ohne weiteres liebend gern ihre wirkliche Bedeutung enthüllen.

Was du aus dem Wundern über das Lernen von Geduld lernen kannst

1. Wir sind schnell gegen uns selbst und langsam, das einzusehen.

2. Sicher gibt es Gelegenheiten, in denen jemand, der zögert, verliert, aber fast immer gewinnt derjenige, der warten kann.

3. Geduld macht uns von der Uhr unserer eigenen Schöpfung unabhängig und lehrt uns, zu ihrer eigenen Zeit, die Wunder der Schöpfung Gottes.

Vertrau auf Gott, wenn du deinen Faden in das große Gewebe einfügst, obwohl das Muster noch nicht sichtbar ist.

George MacDonald

Wundern über Selbstbestrafung

Wenn jemand auf dich wütend ist, wirst du, wenn du aufmerksam bist, einsehen, daß er nicht wirklich auf dich wütend ist, sondern nur auf seine eigene fixe Idee von dir. Etwas Unerwartetes in deinem Verhalten stört das Bild, das die Person sich von dir gemacht hat, und diese Unsicherheit führt dazu, daß sie die Beherrschung verliert. Also wird sie sich von dir angegriffen fühlen und entsprechend zum Gegenschlag ausholen. Und ihre Überzeugung, daß du an allem Schuld bist, wird mit jedem Schlag, den sie gegen dich führt, gefestigter, denn den Schmerz, den sie austeilt, erhält sie postwendend zurück. Alles, wogegen sie sich auflehnt, ist ein Bild, das sie in ihrer eigenen Vorstellung hat, und jeder ihrer Schläge trifft dieses Bild. Darüber wundere ich mich...

... Warum soll man jemanden bestrafen, der uns bestrafen will? Ist er denn nicht selbst schon genug gestraft?

Was du aus dem Wundern über Selbstbestrafung lernen kannst

1. Deine Gedanken können sich erst dann gegen jemanden verschwören, wenn du dich zuvor gründlich selbst nach außen abgeschottet hast.

2. Das erste, was wir von einem Geschehen mitbekommen, sind wir selbst.

3. Die schlimmste aller Strafen ist, jemand zu bleiben, der niemals einsieht, daß er eine sich selbst bestrafende Maschine ist.

Erhebe dich nicht gegen deinen Schöpfer, indem du du deinem Zorn freien Lauf läßt, deinem Zorn, der sich zur Rache ausweitet, denn: »Die Rache ist mein«, sagt der Herr, »ich werde sie euch heimzahlen«.

Charles Simmons

Wundern über
die Suche nach Antworten

Es gibt unendlich viele Antworten auf die Frage nach Möglichkeiten, sich von persönlichen Problemen zu befreien. Die Tatsache jedoch, daß nur wenige dieser Antworten funktionieren, entgeht unserer Aufmerksamkeit, denn sobald eine dieser selbstrettenden Antworten in sich zusammenfällt, erscheint auch schon die nächste. Wir werden in der Tat abhängig von dem permanenten Wandel der Antworten, denn sie nähren ein sich ständig veränderndes Gefühl für einen Sinn im Leben, was wiederum zu bestimmten falschen Selbsteinschätzungen führt. Trotzdem sind wir uns so sicher, daß wir klug genug sind, um auf dem richtigen Weg zu sein, daß wir niemals auf die Idee kommen, unsere eigenen Fragen in Frage zu stellen – Fragen, die den einzigen Sinn zu haben scheinen, uns auf der Suche nach immer neuen Antworten zu halten. Darüber wundere ich mich...

... Gibt es jemals eine Antwort auf eine zwanghafte Frage, oder besteht die einzige Antwort darin, zu sehen, daß es keine gibt, und die richtige Reaktion, sie daraufhin fallenzulassen?

Was du aus dem Wundern über die Suche nach Antworten lernen kannst

1. Fürchte niemals das zeitweise Fehlen einer erkennbaren Antwort, denn jenseits dieser Furcht ist die Freiheit von der quälenden Frage, die höhere Antwort, die dein Herz sucht.

2. Du selbst bist die Antwort, suche sie nicht irgendwo anders.

3. Nichts, was wir uns jemals vorstellen können, ist damit vergleichbar, was Gott mit uns vorhat.

Der erste Schritt in die Weisheit ist unterscheiden zu können, was falsch ist, der zweite, zu wissen was wahr ist.

Lactantius

Wundern über Druck

Es gab einmal eine Zeit, die jedoch lange vorbei ist, da mußten Seeleute und Walfänger, wenn sie mit ihren Segelschiffen weit draußen auf See in eine Flaute gerieten, ihre Rettungsboote zu Wasser lassen, das schwere Schiff in Schlepptau nehmen und auf die Suche nach einer günstigen Brise gehen. Es war ihr Durchhaltevermögen, ihre schmerzenden Hände und müden Arme, die sie schließlich dorthin brachten, wo sie dann schließlich den Wind im Rücken hatten. Der Wind weht, wo und wie er will. Man kann ihn kennenlernen, sich aber niemals zu eigen machen. Man kann ihn erwarten, aber niemals beherrschen. Und niemand kann gegen den Wind segeln. Darüber wundere ich mich...

... Wo ist der Druck im Leben, wenn wir nicht mehr gegen den Wind segeln müssen?

Was du aus dem Wundern über Druck lernen kannst

1. Außerhalb dessen, der du meinst, sein zu müssen, gibt es keinen Druck.

2. Unser Gefühl von Machtlosigkeit ist proportional unserem Bestehen darauf, daß die Dinge so zu gehen haben, wie wir es wollen.

3. Es ist unmöglich, sich irgend etwas Schönes zu wünschen, ohne den Druck, es möglichst schon vor seiner Ankunft zu konsumieren... und unter Druck kann es keine echte Freude geben.

Wenn wir auch nur ein wenig bedenken, was um uns herum geschieht, werden wir Tag für Tag merken, daß ein höheres Gesetz als unser eigenes die Ereignisse regelt. Wir werden merken, daß unsere schmerzlichen Anstrengungen überflüssig und fruchtlos sind und wir nur in unserem lockeren, einfachen und spontanen Handeln wirklich stark sind.

Ralph Waldo Emerson

Wundern über Aufmerksamkeit

Alles, was im Leben unvergeßlich bleibt, hängt davon ab, worauf wir unsere Aufmerksamkeit richten. Normalerweise heften wir unseren Blick im Leben an Vorstellungen, was eines Tages sein wird, was wir haben oder gewinnen werden. Unsere Augen sind auf den *Ausgang* der Ereignisse gerichtet. Und genau an diesem Punkt fängt der Betrug an. Es gibt kein Happy End ohne einen wahren Anfang. Und um einen wahren Anfang zu haben, muß unsere Aufmerksamkeit genau da sein: am Anfang, Minute für Minute, und nicht am Ausgang, am Ende. Sonst sehen wir nicht was ist, sondern was wir gern hätten. Wenn wir unser Herz an unsere Träume hängen, werden wir es am Ende brechen. Darüber wundere ich mich...

... Wenn wir den wahren Anfang einer Sache sehen, wird da das Ende nicht ganz von selbst kommen?

Was du aus dem Wundern über die Aufmerksamkeit lernen kannst

1. In jedem Rennen, das solltest du niemals vergessen, wirst du, lange bevor der Lauf zu Ende ist, *in jedem einzelnen Schritt* erkennen können, wie gut es für dich läuft.

2. Die erwachte Aufmerksamkeit ist der Herz der Intelligenz, und die Intelligenz entscheidet sich niemals gegen sich selbst.

3. Das Himmelreich ist der Raum zwischen zwei Gedanken – und die Aufmerksamkeit ist das Schiff und der Anker, um uns darin zu halten.

Unser wichtigstes Geschäft besteht nicht darin zu sehen, was im Dunst in der Ferne liegt, sondern zu tun, was direkt vor unseren Händen liegt.

Thomas Carlyle

Wundern über
Selbstwidersprüche

Niemand begibt sich absichtlich in unangenehme Situationen. Manchmal sind sie jedoch unausweichlich. In dem Augenblick, in dem eine unerwünschte unangenehme Situation eintritt, wollen wir uns natürlich so schnell wie möglich wieder von ihrer störenden Präsenz befreien. Unser Ziel ist klar: Wir wollen so schnell und so weit wie möglich von dem unangenehmen Zustand weg. An dieser Stelle geschieht jedoch etwas Seltsames. Selbst wenn wir weggehen, nehmen wir in Gedanken die ganze Situation in möglichst vielen Einzelheiten wahr. Später, sobald wir einen Freund finden können, der uns Gehör schenkt, erzählen wir ihm brühwarm unsere gesamte Geschichte von Anfang bis Ende, wobei wir sorgfältig darauf achten, ja keine schmerzlichen Details auszulassen. Und so spielen wir dieselben Ereignisse, die wir ja eigentlich am liebsten so schnell wir möglich hinter uns gelassen hätten, noch einmal in allen Einzelheiten durch. Darüber wundere ich mich...

... Ist es nicht ein Widerspruch, daß wir genau über das, was wir am meisten hassen, am liebsten sprechen?

Was du aus dem Wundern über Selbstwidersprüche lernen kannst

1. Die einzige wirkliche Medizin gegen schmerzhafte Selbstwidersprüche ist ein geschärftes Bewußtsein.

2. Es gibt nur wenige Menschen, die meinen, sie verstehen sich selbst nicht. Darum merken so viele zu spät, daß sie bloßgestellt worden sind.

3. Selbststudium ist die Grundlage zur Selbstbefreiung.

Es gibt viele Widersprüche in unserem Wesen, aber nur wenige sind so kraß wie der zwischen unserer Empfindlichkeit gegenüber der leisesten Respektlosigkeit, von der wir uns einbilden, daß sie uns entgegengebracht wird, und unserer Unempfindlichkeit gegenüber den Dingen, die bei uns selbst im Argen liegen. Tatsächlich sind diejenigen, die am empfindlichsten gegenüber dem ersten sind, am unempfindlichsten gegenüber den letzteren.

Anonymus

Wundern über Ehrgeiz

Man sagt, daß Alexander der Große, als er merkte, daß es mit seinem Leben zuende ging, vergeblich versuchte, den Tod zurückzudrängen und das dunkle Tor wieder zu verschließen. Trotz seiner unermeßlichen irdischen Macht gab es nichts, was Schnitter Tod von seinem unerbittlichen Kurs hätte abbringen können. Als er seine schicksalhafte Niederlage eingesehen hatte, gab er Anweisungen, daß er mit leeren, offenen Händen begraben werden sollte, die Handflächen zum Himmel hin geöffnet. Dies sollte für alle, die es sehen können, zeigen, daß er trotz allem, was er in dieser Welt erobert hatte, nichts von Dauer erworben hatte. Zu spät kam seine Einsicht, daß die Zeit allen Ehrgeiz zunichte macht. Darüber wundere ich mich...

... Wäre es nicht klug, nach Unsterblichkeit zu streben?

Was du aus deinem Wundern über Ehrgeiz lernen kannst

1. Gelebt zu haben, ohne jemals etwas Ewiges kennengelernt zu haben, ist wie einer vollkommene Rose zu begegnen und niemals ihren Duft kennengelernt zu haben.

2. Dinge loszulassen, von denen du meinst, daß du sie zu deinem Glück brauchst, ist dasselbe wie das Ich loszulassen, das niemals mit dem zufrieden ist, was es hat.

3. Wenn wir diese Welt suchen, gewinnen wir ihre Gaben, die ihren Platz in der Zeit haben, aber wenn wir die himmlische Welt suchen, finden wir uns selbst – und merken, daß wir etwas in uns haben, was die Sterne gemacht hat.

Der Sklave hat nur einen Herrn, der Ehrgeizige aber hat so viele, wie es Menschen gibt, die zu seinem Fortkommen im Leben beitragen können.

Jean Bruyere

Wundern über das Loslassen

Die meisten Menschen glauben, daß man hartnäckige, selbstbestrafende Zustände nicht loslassen kann, weil bestimmte Gefühle über andere Menschen oder vergangene Ereignisse einfach zu stark sind. Sie glauben, daß sie uns irgendwie festhalten und daß es unsere Kräfte übersteigt, sie loszulassen. Das ist jedoch nicht wahr. Gedanken und Gefühle haben keine Arme oder Hände, mit denen sie uns festhalten können. Wenn wir schmerzhafte innere Zustände nicht loslassen können, gibt es dafür nur einen einzigen Grund. Irgendwo in uns gibt es einen verborgenen Teil, der festhält, der Angst hat loszulassen, weil sein Leben davon abhängt. Um den Schmerz loszulassen, müßte dieser Teil sich selbst aufgeben. Darüber wundere ich mich...

... Warum entscheiden wir uns dafür, uns anhand unseres Traurigseins kennenzulernen, wenn uns niemand davon abhalten kann, daß wir loslassen und in aller Stille leer werden?

Was du aus dem Wundern über das Loslassen lernen kannst

1. Um das Geheimnis des Loslassens kennenzulernen, müssen wir unsere unbewußte Gewißheit aufgeben, daß wir genau der zu sein haben, der wir meinen, sein zu müssen.

2. Befreie dich selbst aus selbstbestrafenden Träumen, indem du erkennst, daß sie nichts weiter tun, als dir zukünftige Freuden zu verprechen, während sie dir in der Gegenwart ein Gefängnis bauen.

3. Trage zu deiner eigenen Befreiung bei, indem du dich weigerst, dich mit weniger zufriedenzugeben, als mit hundertprozentiger geistiger Freiheit.

Es gibt für uns einen Ausweg aus der Enge und Armut des individuellen Lebens und die Möglichkeit eines Lebens, das anders und größer ist als unser eigenes, aber dennoch wahrhaftig uns gehört. Denn um wir selbst zu sein, müssen wir über uns selbst hinauswachsen. Was wir Liebe nennen, ist in Wahrheit... der Verlust unseres individuellen Selbst, um ein größeres Selbst zu gewinnen.

John Caird

Eine spezielle Zusammenfassung, die dir helfen kann, dich zu wundern und loszulassen

1. Sich selbst loszulassen ist dasselbe, wie zu lernen, glücklich zu sein.

2. Laß Dich bei dem, was du im Leben tust, nicht unterbrechen, wenn jemand kommt.

3. Eine Art, unangenehme Gespräche zu vermeiden, ist keine Selbstgespräche mehr zu führen.

4. Wenn etwas nicht aufhören will, heißt das noch lange nicht, daß es auch klug ist... wie zum Beispiel trübe Gedanken und Gefühle.

5. Angst kann sich immer nur für sich selbst entscheiden.

6. Denk daran, daß die meisten Menschen nicht versuchen, das Boot vorwärts zu bringen, sondern es zu versenken.

7. Wenn du im Leben an einen toten Punkt gelangst, dann ist ein komplettes Loslassen von einen eigenen Vorstellungen gleichzusetzen mit einem Loslassen deiner Ausweglosigkeit. Denn du wärst überhaupt nicht blockiert, wenn du dir nicht so sicher wärst, den einzigen Weg zu kennen.

8. Warum ist es immer leichter zu sehen, daß ein anderer sich selbst zum Gefangenen gemacht hat?

9. Du kannst das Leben ebensowenig verschieben, wie du es festhalten kannst.

10. Das Leben wieder von vorne anzufangen erfordert authentisches Loslassen. Daher scheuen so viele Menschen davor zurück, ein neues Leben anzufangen.

Kapitel 12

Das Wunder
des Wunderns

Wundern über die Stille

Nehmen wir an, daß wir Intelligenz anhand einer unendlichen Vielfalt verschiedener Faktoren messen können. Einige dieser Faktoren sind Wahrnehmungsfähigkeit, Verständnis und die Fähigkeit, Bezüge herzustellen. Können wir da nicht annehmen, daß die höchste Intelligenz die ist, welche die größtmögliche Anzahl dieser verschiedenen Faktoren gleichzeitig ermöglicht? Darüber wundere ich mich...

... Wäre nicht ein vollkommen stiller Geist die ideale Voraussetzung, um diesen besonderen Zustand zu ermöglichen?

Was du aus dem Wundern über die Stille lernen kannst

1. Für die Stille ist alles neu.

2. Es gibt für einen stillen Geist eine große Sicherheit: Nichts kann jemals in die Stille eindringen, ohne sie vorher zu brechen. Auf diese Weise wird jeder Besucher rechtzeitig angekündigt.

3. Stille ist der silberne Kelch, den das Leben immer wieder füllt, ohne ihn jemals überlaufen zu lassen.

Welch seltsame Kraft steckt doch in der Stille. Wie viele Resolutionen werden formuliert, wie viele erhabene Eroberungen begonnen, in jener Pause, in der die Lippen geschlossen bleiben und die Seele insgeheim das Auge ihres Schöpfers auf sich ruhen spürt.

Ralph Waldo Emerson

Wundern über Widerstände

Du brauchst einem Menschen nur zu sagen, daß seine Schwäche gar nicht zu ihm gehört, und du wirst merken, wie er so tut, als würdest du versuchen, ihm etwas wegzunehmen, was er unbedingt braucht. Es wird klar, daß er insgeheim irgendwie an seiner Schwäche hängt. Es fragt sich, warum eigentlich alle an ihren Schwächen hängen. So ziemlich die einzige Stärke, die schwache Menschen jemals zeigen, ist ihre Entschlossenheit, keine Schwächen zu zeigen, auch wenn diese Stärke ihnen bisher aus keiner ihrer Miseren hat heraushelfen können. Darüber wundere ich mich...

... Ist dein starker Widerstand gegen einige innere Schwächen wirklich eine deiner Stärken – eine Kraft, die eines Tages die Oberhand gewinnen wird –, oder ist dieser Widerstand nur ein verborgener Teil dessen, gegen das er sich eigentlich richtet?

Was du aus demWundern über Widerstände lernen kannst

1. Für jede Aktion gibt es eine entsprechende Gegenreaktion. Deswegen hat Jesus gesagt: »Widersteht nicht dem Bösen!«.

2. Was ist, wenn dein Widerstand gegen ein Gefühl das Gefühl ist, dem du dich widersetzt?

3. Solange das, was wir werden wollen, aus dem kommt, was wir nicht mehr länger sein wollen, kann es keinen wirklichen Wandel in uns geben, denn jede unserer scheinbar neuen Vorstellungen hat ihren Ursprung in ihrem Gegenteil – und Gegensätze ziehen sich an.

Widerstand gegen eine Störung ist die Störung.
Vernon Howard

Wundern über Farben und Licht

Immer wenn ein Sonnenstrahl die geöffnete Blüte einer Wildblume berührt, ist das goldgelbe Glühen, das unser Auge erfreut, nur ein Bruchteil des gesamten Spektrums, der Teil, der *nicht* von den ausgestreckten Blütenblättern absorbiert wurde. Es ist nur der Teil des Lichtes, das die Blüte *nicht* absorbieren kann und daher von ihr reflektiert wird. Das ist es, was wir »Farbe« nennen. Nun stell dir vor, daß dieselben Regeln, die für Farbe und Licht gelten, für alles gültig sind, und daß kein Gegenstand im Licht aller Farben gesehen werden kann, aus denen er besteht, sondern nur in solchen, aus denen er nicht besteht. Darüber wundere ich mich...

... In welchem Licht müssen wir stehen, um jemandes *wirkliche* Farben zu sehen?

Was du aus dem Wundern über Farben und Licht lernen kannst

1. Wenn wir uns selbst, wenn auch nur für einen Augenblick, in demselben Licht sehen könnten, das wir so schnell bei der Hand haben, wenn wir auf andere schauen, dann würden wir bald erkennen, daß dieses Licht in Wirklichkeit niemals etwas anderes war als Dunkelheit. Dann würden wir es niemals mehr wagen, den gnadenlosen Schatten dieses Lichtes auf einen anderen Menschen zu werfen.

2. Niemand kann sich sicher sein, wenn er nicht alle Farben sieht, aus denen er besteht. Denen hingegen, die ohne Angst und in ganzer Fülle im Licht stehen, droht keinerlei Gefahr.

3. In einem Herzen, das das Leben sieht, ohne das, was es darin sieht, unendlich weit von sich wegzurücken, ist ein Licht lebendig.

Licht ist der Schatten Gottes.

Plato

Wundern über Selbstaufgabe

Kummer und Enttäuschung sind keineswegs immer nur die bitteren Früchte falscher Erwartungen. Es ist zwar wahr, daß derartige Gefühle an die Oberfläche kommen, wenn unsere Hoffnungen sinken, sie sind aber nicht immer die Folge versäumter Gelegenheiten. Tägliche Sorgen kommen im Leben immer wieder, weil wir uns nicht an eine wesentliche und unbestreitbare Tatsache erinnern: Unserem Verstand sind zwar fast keine Grenzen gesetzt, und wir können mit seinem großen Phantasiepotential und seiner Fähigkeit, seine eigenen fein ausgearbeiteten und selbständig vervollkommneten Pläne beinahe alles Erreichen, haben dabei jedoch vergessen, daß unser Verstand nicht den Geist beherrschen kann, der ihn hervorgebracht hat. Darüber wundere ich mich...

... Warum können wir uns nicht daran erinnern, daß wir in erster Linie besondere Geschöpfe dieses Lebens und erst dann seine Schöpfer und Gestalter sind?

Was du aus dem Wundern über Selbstaufgabe lernen kannst

1. Finde die Richtung, in die der Geist dieses Lebens sich bewegt, und gib dann solange alles auf, bis du spürst, wie es dich erhebt und zu tragen beginnt.

2. Das Paradox der Selbstaufgabe besteht darin, daß wir, je mehr wir lernen, uns der Ordnung des Lebens zu unterstellen, uns gleichzeitig von der Angst davor befreien. So erhalten wir die Kontrolle über das Leben, die wir uns gewünscht haben.

3. Selbstaufgabe ist nicht das Akzeptieren unserer Grenzen, sondern der wahre Weg, um über sie hinauszuwachsen.

Freiheit in der Unterordnung – welch ein Problem! Und dennoch werden wir immer wieder darauf zurückkommen.

Henri Amiel

Wundern über das Böse

Das Böse möchte uns glauben machen, daß es überhaupt nichts Böses gibt. Aber es gibt das Böse. Immer wenn wir den Verdacht hegen, daß es gegenwärtig ist, möchte das Böse, daß wir Angst vor unserem Verdacht haben und wegsehen. Es weiß, daß seine einzige Hoffnung darin besteht, daß es unbemerkt bleibt, denn wenn das Böse sich nicht verstecken kann, kann es sich auch nicht ausbreiten. So hat es gelernt, dafür zu sorgen, daß wir wegsehen. Das Böse weiß, daß wir unserer Angst am liebsten ausweichen, also trägt es die Maske der Angst. Aber ohne die Maske der Angst und die Gestalt des Trügerischen ist das Böse *nichts.* Das Böse und die Angst helfen einander, ebenso wie die finstre Nacht dem Dieb hilft. Dies ist der Fluch, dem das Böse niemals entkommen wird: Wenn es nicht im Dunkeln bleiben kann, hat es keinen Platz mehr. Darüber wundere ich mich...

... Was ist das Böse, wenn nicht das, was bei uns noch im Verborgenen liegt?

Was du aus dem Wundern über das Böse lernen kannst

1. Ebenso wie die Dunkelheit keine Macht über das Licht hat, noch nicht einmal über das schwache Licht einer Kerze, besitzt das Böse keine Macht, um uns von unserer Aufgabe der Selbsterkenntnis abzuhalten.

2. Wir sind nicht Schöpfer des Bösen, aber indem wir versuchen, seine Gegenwart zu verbergen, werden wir zu seinem Besitzer... und von ihm besessen.

3. Eines Tages wird der helle Tag kommen – vorausgesetzt du hältst an deinem Wunsch des Wunderns fest –, an dem du in der Lage sein wirst, jedem Übel entgegenzutreten und zu sagen: »Dunkelheit, ich lache dir ins Angesicht«.

Viele haben sich über den Ursprung des Bösen den Kopf zerbrochen. Ich bin zufrieden, wenn ich beobachten kann, daß es das Böse gibt und daß man ihm nicht entgehen kann. Das ist für mich Anfang und Ende.

John Newton

Wundern über die Leere

Wenn wir die Augenblicke, in denen unser Leben plötzlich leer erscheint, genauer untersuchen würden, könnten wir sehen, daß diese Leere immer mit dem Wegfallen von etwas zu tun hat, dessen wir uns sicher waren und das unserem Leben einen Sinn verliehen hatte. Eine Beziehung geht zu Ende, die Zukunftsaussichten werden immer trüber, oder ein Versprechen wird nicht eingehalten. Immer folgen Gefühle der Leere. Vorübergehend haben wir das Gefühl, unser Leben hat keinen Sinn mehr, und eine furchtbare innere Leere ergreift uns. Unsere innere Leere hat jedoch nur indirekt etwas mit den Enttäuschungen unseres Lebens zu tun. Das Leben hat zwar immer einen Sinn, aber unsere innere Leere wird dadurch auch nicht leichter zu ertragen. Im Gegenteil: Jedesmal, wenn wir den Fehler machen, den Sinn des Lebens für uns in Worte fassen zu wollen, verschleiern wir ihn in Wirklichkeit, indem wir ihn einschränken und festlegen. Darüber wundere ich mich...

... Fühlen wir uns deswegen so oft so leer, weil wir nicht aufhören, leere Dinge zu tun?

Was du aus dem Wundern über die Leere lernen kannst

1. Die Leere ist ein freundlicher Leuchtturm in der Nacht unseres Geistes. Er zeigt uns durch sein Leuchten, daß es nichts in dieser Welt gibt, was uns wirklich erfüllen kann.

2. Menschen, die nichts Wichtigeres zu tun haben als ihr Leben zu vergeuden, werden immer versuchen, dich in ihr Tun hineinzuziehen.

3. Die Leere ist das Gefühl, das auf den Fehler folgt, das Zeitliche mit dem Ewigen zu verwechseln.

Der Wunsch fällt oft warm auf mein Herz, daß ich in dieser Welt nichts lernen möge, was ich nicht in der anderen fortführen kann, und daß ich auf Erden nichts tun möge, was nicht im Himmel seine Früchte trägt.

Jean Paul Richter

Wundern über Stärke

Schwäche ist niemals etwas, was wir von uns selbst erwarten. Wie aus heiterem Himmel werden wir plötzlich von einer furchtbaren, gänzlich unwillkommenen Schwäche überfallen. Schwäche macht uns zum Spielball jedes beliebigen verärgerten Gesichtes, das uns über den Weg läuft, und jeder beliebigen Laune, die uns in den Sinn kommt. Wir fangen an und erklären uns vor uns selbst und vor jedem, der wissen will. Immer wenn wir aus einer Schwäche wieder herauskommen, fühlen wir uns anschließend schuldig, denn das hilft uns, uns anschließend wieder besser zu fühlen. Solche gewohnheitsmäßigen Gefühle scheinen uns zu sagen, daß wir die Wahl hatten: Wenn wir wirklich gewollt hätten, hätten wir auch stark sein können. Also fangen wir an zu glauben, daß es eine Stärke von uns ist, wie leid es uns tun kann, schwach gewesen zu sein. Wirkliche Stärke ist jedoch die Abwesenheit von Schwäche, nicht die Entschuldigung dafür. Darüber wundere ich mich...

... Liegt unsere Schwäche in Wirklichkeit vielleicht darin, daß wir nicht wir nicht wissen, was wirkliche Stärke ist, aber glauben, es zu wissen?

Was du aus dem Wundern über Stärke lernen kannst

1. Es ist gesund, wenn wir uns jedesmal, wenn eine unserer Schwächen sich zeigt, fragen, warum sich keine unserer Stärken blicken läßt.

2. Schwache Gedanken und Gefühle fühlen sich oft an wie Stärken. Du solltest jedoch nie vergessen, daß wirkliche Stärken niemals ungeduldig, herzlos oder bestrafend sind.

3. Die einzige Stärke, die niemals in ihr unglückliches Gegenteil umschlagen kann, ist die wirkliche Selbsterkenntnis, daß dein Leben mehr ist als deine Schwächen.

Gott macht uns niemals für unsere Schwächen verantwortlich, außer, wenn er uns von seiner Stärke abgeben will.

Francis Fenelon

Wundern über unsichtbare Einflüsse

Unsichtbare Einflüsse sind die Grundbausteine des sichtbaren Lebens. Einige dieser bekannten Einflüsse wie Schwerkraft oder Temperatur, gestalten in der Tat die sichtbare Welt, so wie sie sich uns darbietet. Die einzigartigen Formen von Bäumen, Vögeln und Bienen sind allesamt Ausdruck dieser unsichtbaren Kräfte. Aber die physikalischen Lebensformen können nur die stummen Zeugen für die Formen sein, die diese Kräfte annehmen müssen. Sie haben sonst keine Stimme, keine Möglichkeit sich auszudrücken oder Gestalt anzunehmen. Aber *wir* haben die Wahl. Wir haben die Macht zu wissen, was sich in uns und um uns herum bewegt. Dieses Bewußtsein eröffnet uns viele Möglichkeiten. Aus diesem Bewußtsein heraus steht es uns frei, die Einflüsse – kosmische oder menschliche –, die uns begegnen, anzunehmen oder abzulehnen. Indem wir dies tun, können wir das Bild, nach dem unser Wesen Gestalt angenommen hat, formen. Darüber wundere ich mich...

... Welche unsichtbaren Einflüsse formen uns in diesem Augenblick?

Was du aus dem Wundern über unsichtbare Einflüsse lernen kannst

1. Die Macht der Aufmerksamkeit ist Selbstbestimmung... denn ohne sie können wir beeinflußt werden, uns gegen uns zu entscheiden... und nicht einmal die Geistesgegenwart zu haben, unseren Verlust zu merken.

2. Der Einfluß und die Sicherheit des inneren Lichtes besteht nicht in erster Linie darin, was es tun kann, sondern eher darin, was in seiner Gegenwart getan werden kann.

3. Wir gewinnen oder verlieren nicht dadurch, was wir im jeweiligen Augenblick tun, sondern dadurch, was wir darin lieben, denn zuallererst werden wir von unserem Herzen beeinflußt, das selbst von einem Größeren beeinflußt wird.

Handle immer so, daß das unmittelbare Motiv deines Willens geeignet ist, eine allgemeingültige Regel für alle intelligenten Wesen zu sein.

Immanuel Kant

Wundern darüber,
etwas Besonderes zu sein

Die meisten Menschen möchten etwas Besonderes sein, das ist völlig normal. Der Unterschied zwischen dem Wunsch, etwas Besonderes zu sein, und der Wirklichkeit des Besonderen ist wie der Unterschied, am Fuße eines Berges zu leben oder oben auf dem Gipfel. Das einzig Besondere an Menschen, die gern etwas Besonderes wären, ist die besondere Art von Schmerz, mit dem sie leben, um vor sich selbst zu beweisen, daß sie besonders sind. Zu versuchen, besonders zu sein, ist wie zu versuchen, ein Mensch zu sein. Wir sind bereits Menschen, und je mehr wir versuchen, es unter Beweis zu stellen, desto weniger erscheinen wir in unseren eigenen Augen und in den Augen unserer Mitmenschen als solche. Versuche nicht, etwas Besonderes zu sein. Sei statt dessen offen für das, was du bereits bist. Das Besondere wird von allein kommen. Darüber wundere ich mich...

... Ist ein wahrhaft besonderer Mensch nicht jemand, der kein Bedürfnis danach hat, als etwas Besonderes angesehen zu werden?

Was du aus dem Wundern darüber, etwas Besonderes zu sein, lernen kannst

1. Wenn du dich endlich entschließt, doch lieber deinen eigenen Weg zu finden, wirst du auch dich selbst gefunden haben.

2. Unser Leiden beweist keineswegs, wie besonders wir sind, sondern nur wie beeinflußbar. Sonst würden wir niemals glauben, daß es etwas Besonderes ist, wenn man sich düster und traurig fühlt.

3. Durchschaue deinen Wunsch, besonders zu sein, und laß ihn fallen, und du wirst jenseits deiner Angst, ein Niemand zu sein, ein besonderes, neues Wesen finden, das für immer dir gehören wird.

Derjenige ist wahrhaft groß, der das ist, was er von Natur aus war, und uns niemals an einen anderen erinnert.

Ralph Waldo Emerson

Wundern über die Wahrheit

Es gibt keine Wahrheit, die so groß oder so weit weg ist, daß man sie nicht kennenlernen kann, denn ebenso sicher, wie ein Fluß zum Meer geleitet wird, wird unsere aufrichtige Absicht, die Wahrheit kennenzulernen, uns weit auf dem Weg zu einem zeitlosen Verständnis führen. Dort liegt die Lösung aller Rätsel. Der Weg der Wahrheit liegt bereits vor uns, dessen können wir uns sicher sein. Die erste Falle liegt jedoch ebenfalls direkt vor unseren Füßen. Sie ist der Wunsch nach der Wahrheit. Die Wahrheit ist hier, jetzt, direkt vor unseren Augen. Nichts verdunkelt ihren Anblick. Es kann keine andere Zeit für ihren Ort und keinen anderen Ort, sie zu finden, geben. Darüber wundere ich mich...

... Wenn sich die Wahrheit nicht vor uns versteckt, verstecken wir die Wahrheit dann vielleicht vor uns?

Was du aus dem Wundern über die Wahrheit lernen kannst

1. Weigere dich, jegliche Wahrheiten zu fürchten, gleich wie beägstigend ihre flüchtige Erscheinung sein mag. Dann wird die Wahrheit dir die Angst nehmen. Das ist die Bedeutung von Freiheit.

2. Die Entdeckung eines kleinen Lecks im Schiff deines Lebens ist mehr wert als tausend Träume von einer sicheren Überfahrt.

3. Die Wahrheit ist ein Kelch, den wir ganz allein austrinken müssen, der aber an unsere Lippen geführt wird von allen, die uns vorausgegangen sind.

Eines solltest du dir immer vor Augen halten: die Wahrheit. Wenn du das tust, wird es dich zwar scheinbar von der Meinung anderer Menschen weg, aber hin zum Thron Gottes führen.

Horace Mann

Zehn Wege, um denWunsch,
sich zu Wundern zu festigen

1. Der richtige Weg kommt auf natürliche Weise.
2. Keine Lehre kann jemals den Geist der Wahrheit vollständig zum Ausdruck bringen, denn die Wahrheit ist in der Gegenwart, und Lehren sind immer Pfade der Vergangenheit, gleich wie erhaben sie sind.
3. In jedem Neuanfang liegt ein großer Sieg.
4. Die Übel dieser Welt versprechen Schutz vor den Übeln dieser Welt.
5. Wenn wir lernen, uns vom Leben führen zu lassen, werden wir entdecken, daß es genau weiß, wo wir hingehören.
6. Die Gegensätze heben sich auf, sobald du merkst, daß Widerstand hoffnungslos ist.
7. Wenn du Gott gefallen willst, mußt du den Zorn der Götter auf dich ziehen.
8. Du kannst keine Angst haben, wenn du ihr nicht zuvor einen Namen gegeben hast.
9. Sich zu verirren gehört zur Lust jedes wahren Entdekkers.
10. Auf der einen Seite verlangen wir zuviel, indem wir erwarten, daß das Leben all unsere Wünsche erfüllt. Aber auf der anderen Seite verlangen wir zuwenig, denn das Leben hat mehr mit uns vor, als wir jemals zu träumen gewagt haben.

Kapitel 13

Der verborgene Quell des Wunderns in dir

Seit langer Zeit spricht man in bestimmten Kreisen davon, daß es ein riesiges verborgenes Tal irgendwo in den Höhen eines großen, nicht zu weit entfernten Gebirges gibt. Man erzählt sich Geschichten, daß in einem entlegenen und beinahe unsichtbaren Spalt am Fuße eines großen Berges ein Suchender sein Glück in Form kostbarer Kristalle und seltener Edelsteine finden kann – falls es ihm gelingt, so lange zu überleben, bis er auf die verborgenen Stellen stößt, an denen sie zu finden sind.

Es schien, als sei das Tal nicht nur eine kalte, fast ausgetrocknete und vom Wind leergefegte Wüstengegend, sondern man sagte, daß es darüber hinaus sehr herzlose Bewohner habe. Wilde Banditen kontrollierten die tiefer gelegenen Gegenden, böse Männer, die über die ahnungslosen, schlecht vorbereiteten Sucher wie Geier über frisches Aas herfielen.

Aber alle diese Erzählungen und Gerüchte hatten keine Bedeutung für einen Mann, der in seinem Leben bereits an einen Punkt gelangt war, an dem er nichts mehr zu verlieren hatte. Als er sich bereitmachte, ins Tal aufzubrechen, war er zu allem entschlossen. Er sagte sich, daß es ohnehin keinen Unterschied machte, was die Zukunft für ihn bereithielt. Er wollte sich entweder seine Herzenswünsche erfüllen, oder sein Herz bei den Versuch, sie zu erfüllen, verlieren.

In einer Nacht kampierte er im Freien, in der Nähe des Einganges zum Tal, auf einigen hervorstehenden Felsenklippen hockend. Hier und dort konnte er in der ungeschützten, stockfinsteren Weite vor sich die einzelnen Lichter von den fernen Lagerfeuern der anderen Sucher erkennen. Die Nacht brach herein, ohne daß etwas Ungewöhnliches passiert wäre. Niemand und nichts störte seinen Schlaf, außer seinen eigenen unruhigen Träumen.

Am nächsten Tag begann er seine Arbeit, sich langsam durch die unzähligen seltsamen kleinen Steine durchzuarbeiten, die in dem Bett eines kleinen Flusses lagen. Hier konnte er sehen, daß es entgegen aller Erzählungen, die er gehört hatte, durchaus Wasser in dem Tal gab, wenn auch nur zur Regenzeit. Nach vorsichtigen Schätzungen, so meinte er, würde spätestens in zwei Wochen der Fluß, ebenso wie alle anderen Flüsse des Tales, ausgetrocknet sein. Er schaute sich um und wischte sich mit dem nackten Unterarm den Schweiß von der Stirn. Das war eine unwirtliche Gegend. Kaum etwas wuchs hier, was nicht von den unaufhörlichen Winden gekrümmt, von der Hitze spröde und mit spitzen Dornen versehen wäre.

Er schüttelte seinen Kopf, so, als wolle er einen schlechten Traum abschütteln, und sprach laut zu sich selbst: »Was in Gottes Namen habe ich bloß hier draußen zu suchen?« Der Klang seiner Stimme verschwand jedoch plötzlich wie Wasser im Wüstensand im Flimmern der erhitzten Stille über dem Tal. Er fühlte sich über alle Maßen allein.

Die Abende der nächsten Woche vergingen wie im Flug. Aber zwischen seiner immer stärker werdenden Müdigkeit und der Tatsache, daß immer mehr Sucher in dem Tal ihr Camp aufschlugen, war er sich nicht sicher, ob er sich lieber erst einmal den bitter benötigten Schlaf gönnen oder lieber noch härter arbeiten sollte. Er entschloß sich zu arbeiten. Es war eine furchtbare Situation. Er war zu müde, um weiterzumachen, und zu gespannt, um aufzuhören. Denn was würde geschehen, wenn jemand anders vor ihm die unerschöpfliche Ader aus Edelsteinen fände? Und da er gerade davon sprach: Was sollte er unternehmen, um die wenigen Edelsteine zu schützen, die er bereits gefunden hatte? Seine Gedanken überschlugen sich und machten alles nur noch schlimmer. Er konnte spüren, wie seine verbleibenden Kräfte allmählich aus dem Körper schwanden. Er hatte Durst.

Er strich mit seiner Zunge über die aufgesprungenen Lippen. Das Schlimmste war, daß die Flüsse im Tal mittlerweile ausgetrocknet waren, und er von den wenigen noch verbleibenden Tümpeln Schüsse hören konnte. Er war gerade dabei, sich auf seine völlig veränderte Situation einzustellen, als ihm eine seltsame Idee in den Sinn kam. Sicher würde es seine Suche nach Reichtum etwas verzögern, aber, vorausgesetzt es funktionierte, und sein Plan ging tatsächlich auf, könnte er sich eine konstante Quelle sauberen lebensspendenden Wassers erschließen. Er würde eine Quelle für sich selbst graben. Je mehr er darüber nachdachte, desto besser gefiel ihm die Idee. Er würde sich einen Brunnen graben. Aber wo?

Eines abends, in der Kühle einer langen Dämmerung, ging er weit weg von den anderen, um den Platz zu finden, der am besten geeignet war, um nach unterirdischem Wasser zu graben.

Diese erste Nacht war die einsamste Nacht seines Lebens. Nur der Wind flüsterte ihm in die Ohren. Er konnte keinen der üblichen nächtlichen Laute hören, die gewöhnlich von der anderen Seite des Tals an sein Ohr drangen, genau die Laute, die ihn sonst geärgert hatten. Heute Nacht jedoch sehnte er sich regelrecht nach diesen Geräuschen. Die Geräusche von Männern, ihr Juchzen und Schreien, die Schüsse, die wild in die Luft geknallt werden, der Lärm der Betrunkenen, die ihren Reichtum feiern oder in wütender Verzweiflung gröhlen. Aber der Wind trug keine einzige bekannte Stimme, außer seiner eigenen. Nichts erreichte ihn. Absolut nichts.

Am nächsten Morgen begann er bereits vor Sonnenaufgang, an seinem Brunnen zu graben. Es war sehr hart, nichts als Steine, große, kleine, immer nur Steine und wieder Steine. Er schuftete vier Tage. Eines Nachts saß er am Lagerfeuer, der Wind begann, Sand und Staub aufzuwirbeln, wie er das immer zu dieser Stunde tat. Er hielt sich ein altes Tuch vor das Gesicht und zog sich seinen Hut über die Stirn, aber der feine Sand fand noch immer seinen Weg bis auf die Haut. Er hatte Schwierigkeiten zu atmen.

Schließlich, in einem verzweifelten Versuch, einen Unterschlupf zu finden, zog er sich hinter einen großen Haufen frisch ausgegrabener Felsen von seiner Brunnengrabung zurück. Endlich hatte er Ruhe. Der Wind konnte ihm hier nichts mehr anhaben. In diesem Augenblick hatte er eine Idee. Warum sollte er aus all diesen Felsen nicht etwas bauen? Vielleicht ein kleines Haus oder wenigstens einen etwas festeren Unterschlupf? Er wunderte sich, warum ihm das nicht schon früher eingefallen war, aber war froh, daß er wenigstens jetzt daran gedacht hatte. Es ist nie zu früh und selten zu spät, so tröstete er sich.

Während der nächsten Wochen grub er abwechselnd an seinem Brunnen weiter und sortierte tausende Steine, aus denen er ein kleines Steinhaus baute. Die Winde konnten ihm nun nichts mehr anhaben, aber es gab neue Probleme, vor die er gestellt war. Unter all den Steinen, genau da, wo sein Brunnen entstehen sollte, war er auf lockeren, sandigen Untergrund gestoßen. Alles war sehr instabil. Sein Brunnenbau ging nur noch im Schneckentempo vorwärts. Jeder halbe Meter mußte nun eigens befestigt werden, damit die Wände nicht einstürzten. Und da gab es noch das Problem, was er mit all der Erde anfangen sollte, die sich neben seinem neu erbauten Haus auftürmte.

Er fand die Antwort eines Nachmittags, nach einem besonders kärglichen Mahl aus getrockneten Keksen, einem alten Stückchen Dörrfleisch und einigen übriggebliebenen Wildbeeren.

»Was gäbe ich jetzt für eine Möhre oder einen Kohl! Sogar für einen Rettich!«, so sagte er sich. Er haßte Rettiche.

Und als er so über frisches Gemüse nachdachte, fiel sein Blick auf den Haufen Erde, der sich neben dem Haufen Steine an seiner Brunnenbaustelle auftürmte. Natürlich! Er könnte ein Gemüsebeet anlegen und es mit

Steinen befestigen, damit der Wind es ihm nicht fortblies.

Während er also fortfuhr, an seinem Brunnen zu arbeiten und zu graben, baute er einen geschützten Garten. Jeden Tag nahm er etwas Erde aus dem Brunnen und füllte die Beete damit auf. Und so ging es weiter. Jeden Tag ein wenig tiefer. Jeden Tag ein wenig höher.

Allmählich begann ihm der Ort, an dem er lebte, zu gefallen. Er liebte die Ruhe. Er freundete sich mit den Tieren an, die sich zunehmend in seiner Nähe aufhielten. Aber er hatte immer noch kein Wasser. Und manchmal, in einer stillen Stunde, fiel ihm ein, warum er überhaupt in dieses Tal gekommen war. Er wollte Edelsteine finden. Es erstaunte ihn, daß er es tatsächlich vergessen hatte. Das waren die Tage, die niemals zu Ende gehen wollten. An diesen Tagen arbeitete er besonders hart. Unaufhörlich redete er sich ein, daß er, wenn er erst einmal all das Wasser hätte, sich sofort wieder daran machen würde, sein Glück zu suchen.

Eines Morgens stach sein Spaten mit seltsamer Leichtigkeit durch den Boden am Grund des Brunnens. Er grub noch einmal und noch einmal. Da roch er die Feuchtigkeit. Ganz langsam füllte sich das Loch, das er gerade mit dem Spaten gegraben hatte, mit Wasser. Er griff hinab und schöpfte mit den Händen das kostbare Naß. Es fühlte sich kühl an. Und als er es zum Munde brachte, schmeckte es süß, süßer als alles, was er jemals geschmeckt hatte.

Er arbeitete noch eine Weile länger und machte hin und wieder eine Pause, um einen tiefen Schluck von der Frucht seiner Arbeit zu kosten. Es kostete ihn jedoch einige Mühe, bei seiner Aufgabe zu bleiben, weil er begann, ungeduldig zu werden. Für den Bruchteil einer Sekunde dachte er, daß die Ungeduld ein Zeichen sei. Vielleicht wollte ihm etwas mitteilen, daß er nun, da er Wasser gefunden hatte, sich wieder an seine ursprüngliche Aufgabe des Schatzsuchens begeben sollte. Vielleicht sollte er sich beeilen und weitermachen. Aber nein, das war es nicht. Er konnte ganz deutlich sehen, daß es das nicht war. Er fühlte sich so ungeduldig, weil er es gar nicht abwarten konnte, den ersten Eimer Wasser in seinen neuen befestigten Garten zu bringen und dann seine ersten Sämlinge zu setzen. Und genau das tat er. Immer wieder, für den Rest des Tages.

In dieser Nacht schlief er wie nie zuvor. Als er dann von seinem tiefen Schlaf erquickt wieder aufwachte, schaute er auf seinen Garten, seinen Brunnen und sein kleines Steinhaus, und er wußte, daß er diesen Ort niemals verlassen würden. Er hatte alles, ein gutes Zuhause, eine Quelle für frische Nahrungsmittel, Ruhe, eine gute Aussicht und einen Brunnen mit herrlichem Wasser, das besser schmeckte als alles Wasser, was er bisher gekostet hatte. Und, was er damals jedoch noch nicht wissen konnte, das Beste sollte erst noch kommen.

Als er zum Grund des Brunnens hinabsteigen wollte, um die Grabung zu beenden und die Brunnenwände zu befestigen, glaubte er, seinen Augen nicht zu trauen. Was vorige Nacht noch eine enge Grube war, in der nur ein paar Zentimeter tief das Wasser stand, war nun zu einem drei Meter breiten unterirdischen Teich geworden, gefüllt mit kühlem, klarem Wasser, das ihm bis an die Schultern reichte. Es war klar, was passiert war: Als das unterirdische Wasser über Nacht immer höher gestiegen war, hatte es die seitlichen Brunnenwände ausgespült. Der Brunnen hatte sich von selbst vergrößert! Er konnte kaum glauben, was er für ein Glück hatte.

Aber was war das? Etwas in dem Wasser, nahe am äußeren Rand des unterirdischen Teiches erregte seine Aufmerksamkeit. Etwas Schimmerndes. Er langte hinunter ins Wasser und tastete vorsichtig die Ränder seines Brunnens ab. War das möglich? Ja! Er lange noch einmal hinunter, und noch einmal, und jedesmal kam seine Hand gefüllt wieder herauf. Der Grund des Teiches schillerte nur so von Edelsteinen sämtlicher Größen. Er lachte laut auf. Die Natur hatte für ihn in einer Nacht getan, was er niemals allein geschafft hätte. Die Edelsteine und Halbedelsteine, die einst unter der alten Erde vergraben waren, wurden freigelegt, als das aufsteigende Wasser die verkrusteten Wände seines Brunnens einstürzen ließen.

Diesmal hatte er gut Lachen. Irgendwie hatte er es immer schon gewußt, daß es so kommen würde. Im Grunde machte er sich nicht viel aus all den Reichtümern, die da am Grunde seines Brunnens lagen, denn er hatte ja schon alles, was er brauchte. Er hatte ein Zuhause, das den Unbilden der Witterung ebenso wie dem Ansturm von Feinden gewachsen war. Und er hatte soviel Wasser, wie er brauchte, um sein neues Heim in den Bergen zu einer völlig selbstgenügsamen Festung zu machen. Er wußte, daß sein Reichtum unermeßlich war.

In jedem von uns liegt ein verborgener Brunnen von ähnlicher Güte wie der erstaunliche Brunnen in unserer Geschichte. Das ist das Wunder in dir. Das Wunderbare an diesem Brunnen ist jedoch nicht nur, daß er sich selbst immer wieder erneuert oder sich nach einer gewissen Zeit ganz von selbst erweitert, ja, noch nicht einmal, daß er die Grundlage für den gesamten Reichtum dieser Welt ist. Nein. Das ist nicht das Wunderbare daran.

Das Wunder des Brunnens in dir ist, daß er in dem Augenblick, in dem du anfängst, an ihm und in ihm zu arbeiten, er dir – genauso wie das der Brunnen in unserer Geschichte getan hat – offenbaren wird, daß jedes seiner Elemente in Wirklichkeit verborgene Teile deines wahren Schatzes sind, und daß jedes scheinbare Hindernis bei der Arbeit an dem Brunnen – und entsprechend auch bei der Arbeit an dir selbst – jeder harte Untergrund und jeder Engpaß, jede unmögliche Schwierigkeit und jedes Problem in eine neue Kraft transformiert wird, wenn du erst einmal das Wunder des Brunnens kennengelernt hast. Es ist ein lebendiger Brunnen, der weiß, was du brauchst, bevor du überhaupt dazu kommst, danach zu fragen. Und das größte Wunder von allen ist, daß dein Leben mit und in dem Brunnen sich überhaupt nicht zu ändern braucht, denn es liegt in der Natur des Brunnens, daß er rein und klar ist und sich ständig erweitert. Das ist das Wunder des Brunnens in dir.

Heilsame Entdeckungen

Ein persönliches Nachwort
von Vernon Howard

Die meisten Menschen wissen nicht, was sie mit ihrem Leben anfangen sollen. Traurigerweise gibt es jedoch einen falschen Teil in ihnen, der ihnen weismachen will, daß sie es wissen. Folglich wissen sie nicht, daß sie es nicht wissen. Du hast die Möglichkeit, das zu korrigieren. Sieh dein Leben als ein Puzzle und jeden Tag als ein kleines Element davon. Wenn du dein Leben wirklich verstehen würdest, hättest du dann so viele Sorgen? Nein. Du solltest dir also eingestehen, daß du in Wirklichkeit nicht weißt, was für dich am besten ist. Ein solches Eingeständnis ist ein guter erster Schritt. Wirkliches Wissen ist schon ein gutes Stück nähergekommen. Die Energie des Kosmos arbeitet für dich.

Nur etwas anderes als unser gegenwärtiges Wesen kann diese heilsamen Entdeckungen verstehen. Nur ein höheres Selbst kann die Wahrheit mit Macht und Bedeutung zum Leben erwecken. Du kannst dieses höchste Wesen auf dich herabrufen, indem du es mehr wünschst als alles andere im Leben. Während du dieses Buch liest, kannst du das starke Bedürfnis in dir entwickeln, dich selbst von Grund auf zu erneuern.

Hier ist der erste Schritt zur geistigen und seelischen Einheit und Ganzheit. Du mußt dir selbst deine Schwächen und Fehler eingestehen, und das mehrmals täglich. Du mußt das Unbefriedigende in deinem Leben mit so schonungsloser Offenheit sehen, daß du völlig perplex bist über die Macht, die diese harmlosen Kräfte über dich haben. Erstaunen und Bestürzung über den eigenen tatsächlichen Zustand ist eine übliche und notwendige frühe Begegnung mit der Wahrheit auf dem Weg zur Selbstfindung und -wiederherstellung. Es ist dein erster Schritt, deine erste heilsame Entdeckung.

Wenn du dir deiner inneren Unordnung erst einmal bewußt geworden bist, mußt du, ohne zu zögern, den nächsten Schritt tun. Er besteht aus einer langen und geduldigen Anstrengung, über den Schock und die Enttäuschung, denen du begegnet bist, hinauszuwachsen. Auf diesen Punkt möchte ich besonderen Wert legen. Du mußt dich auf deine seelischen Kräfte verlassen, wenn du die Kraft und Ausdauer suchst, um über die Bestürzung hinwegzukommen, die du über deinen Zustand empfindest. Du darfst dich keinesfalls in Selbstmitleid ergehen. Das wird dir helfen, nicht stehenzubleiben und zu erkennen, daß es eine besondere Schwäche ist, wenn du dich von deinen eigenen Schwächen faszinieren läßt. Viele Menschen lassen sich von dem trügerischen Zauber dieser Welt gefangennehmen wie ein Tier auf nächtlicher Straße, das von den Scheinwerfern eines entgegenkommenden Autos hypnotisiert wird.

Die dunklen Mächte greifen in diesem kritischen Moment in der spirituellen Entwicklung eines Menschen mit voller Kraft an. Sie versuchen, die Entdeckung der inneren Unordnung ihrer heilsamen Wirkung zu berauben. Sie fürchten, daß du dich über deine alte Natur hinaus entwickeln könntest. Dabei greifen sie auf alle möglichen Tricks und Täuschungen zurück, um den Suchenden dazu zu bringen, daß er sich den falschen Mächten ergibt und seine Suche aufgibt. Hier sind einige Beispiele für besonders üble Täuschungen, die sich die satanischen Mächte einfallen lassen, um dich gefangenzuhalten: 1. Das Böse möchte dir weismachen, daß du es viel leichter hättest, wenn du den Ernst deiner Lage dadurch beschwichtigst, daß du dich selbst belügst und dir sagst, daß alles nicht so schlimm ist, wie es aussieht. 2. Das Böse lockt die Menschen in gesellschaftliche und finanzielle Verantwortung und Lasten, die eigentlich nicht nötig sind. 3. Das Böse drängt die Menschen, wütend auf diese schlechte Welt zu schimpfen, in dem Wissen, daß ihre Wut sie noch fester an die Welt fesselt. 4. Das Böse gibt den Menschen das Gefühl, daß sie nicht liebevoll oder großzügig genug sind, und treibt sie dazu, ihr falsches Schuldgefühl durch krampfhafte und künstliche Anstrengungen »Gutes zu tun« erleichtern zu wollen. 5. Böse Menschen schmieren dir Honig ums Maul und verführen dich dazu, daß du ihnen hilfst, und anschließend lachen sie sich ins Fäustchen, daß du so leicht an der Nase herumzuführen bist.

Finde dich nicht mit deinem Leiden ab! Entschließe dich vowärtszugehen! Jedesmal wenn du das tust, verschließt du dich niederen Einflüssen und öffnest dich für Inspirationen, die von einer höheren Ebene kommen. Das ist ein tödlicher Schlag gegen die üblen Kreaturen, die dich verletzen wollen. Jetzt ist es Zeit für dich, deine Sorgen und Schmerzen aufzulösen.

Stell dir vor, du bist im Freien und wirst von einem starken Unwetter überrascht. Natürlich wirst du als erstes den Wunsch haben, so schnell wie möglich nach

Hause zu laufen. Aber der Sturm ist so stark, daß du diesen Wunsch vergißt und anfängst, dagegen anzukämpfen. Du fühlst dich ermutigt, als es dir gelingt, einen kleinen Sieg zu erringen, indem du einen Unterschlupf findest. Hoffnung kommt auf, daß du das Unwetter vielleicht überleben wirst. Diese Hoffnung ist jedoch sehr trügerisch. Aber so schlagen sich die meisten Menschen durchs Leben. Du solltest dir lieber vor Augen halten, daß du nicht dazu da bist, deine inneren Stürme lediglich zu *ertragen*, sondern völlig aus ihnen *herauszukommen*.

Laß diese spirituelle Übung für dich eine heilsame Entdeckung sein. Vielleicht klingt das Ganze anfangs etwas seltsam, aber laß dich nicht entmutigen. Sag dir statt dessen: »Ich habe keine Lust mehr, weiter so ungesund zu leben. Ich werde nicht mehr länger diese seltsame Anziehung für ein Leben voller innerer Kämpfe empfinden.«

Möglicherweise nimmst du an, daß du ja ohnehin keine Gefühle von Niederlagen oder Unterdrückung magst. Überdenke das noch einmal völlig neu. Bemühe dich einmal besonders, einen bestimmten Teil von dir zu sehen, der tatsächlich eine Vorliebe für schmerzhafte Auseinandersetzungen hat. Der einzige Grund, warum der Kampf immer weitergeht, ist, weil du es *zuläßt*, daß du von deinen Schmerzen beherrscht wirst. Du kannst diesen trügerischen Zustand vertreiben, indem du mit großer Bestimmtheit erklärst: »Ich werde meine Vorliebe für dieses ungesunde Leben nicht mehr länger unterstützen.« Die Entdeckung einer verborgenen Last schafft neue Energie. Das ist eine weitere Offenbarung, die zu deiner spirituellen Entwicklung beiträgt.

Die übelsten Geister sind diejenigen, die sich unter keinen Umständen von dir beobachten lassen wollen. Das allein ist Grund genug, es erst recht zu tun. Studiere mit großem Eifer das Böse in dir, und deine Gedanken und Handlungen werden geläutert. Sei aufrichtig. Du kannst dir sicher sein, daß eine gewaltige Kraft darin steckt, einfach nur aufrichtig zu sein.

Die erste Ursache allen Übels und aller Konflikte sind die bösen Geister selbst. Das Böse hat seinen Ursprung in niederen, gottlosen Kräften, die zuerst unsichtbar sind, sich aber dann allmählich in den menschlichen Körper einschleichen, ihn kontrollieren und sichtbares Chaos wie zum Beispiel Kriminalität, verursachen. Du solltest nicht vergessen, daß das Schlechte im Menschen in erster Linie durch sündhafte Geister verursacht wird, die sich äußerst listig zu verbergen verstehen.

Der zweite Grund für innere Konflikte ist die schlafende Natur des Menschen, die dazu führt, daß er auf den falschen Weg im Leben gerät, ein Weg, der im Grunde gar kein Leben ist, sondern eher das Gegenteil. Menschen sind wie Schafe, dem Herdentrieb unterworfen, alles Böse, was sie sehen, zu imitieren. Unwissenheit fördert die Sünde. Selbsterkenntnis dient ebenso dem inneren Frieden wie der Freiheit von lästigen Gedanken.

Das Böse versucht, seine Kontrolle über die Menschen noch zu festigen, indem es ihre Vernunft und ihren gesunden Menschenverstand zerstört. Es setzt alles daran, dich an den Zustand hilflosen Entsetzens zu fesseln, den du in dir und deiner Umgebung entdeckt hast. Die Mächte der Finsternis verstehen es sogar, ihrer Schlechtigkeit einen gewissen Reiz zu verleihen, den du jedoch schnell entlarven und dich davon distanzieren solltest.

Alle Menschen, denen es gelingt, ihr Unwissen über das Böse zu beseitigen, entkommen dem Netz, in das die niederen Kräfte sie verstrickt haben. Auf diese Weise entgehen sie den täglichen schmerzhaften inneren Konflikten. Das Höhere hat immer die Macht, das Niedere zu vertreiben, aber letztlich bist *du* der entscheidende Faktor. Du mußt den himmlischen Geistern erlauben zu tun, was sie für richtig halten.

Wenn du in Bedrängnis gerätst, steht dir immer ein einfacher Satz zur Verfügung, der ein machtvolles Hilfsmittel sein kann, wenn du ihn aussprichst. Dieser Satz lautet: »Ich brauche nichts weiter zu tun, als meinen gegenwärtigen Standpunkt zu überwinden.« Das sagt eigentlich alles. Sage es oft. Du wirst entdecken, warum du hier auf der Erde bist.

Du solltest verstehen, daß du im Moment noch eine tiefsitzende Angst vor den listigen Mächten der Finsternis hast. Aber deine Angst ist überwiegend unbewußt. Das heißt, dir ist überhaupt nicht klar, in welchem Maße dein Elend dich in deinem Leben behindert, indem es von dir Besitz ergreift. Mach dir jedoch keine Sorgen über deine Verwirrung. Denk immer daran, daß spirituelles Wissen dein scharfes Schwert ist, mit dem du jeden feurigen Drachen besiegen kannst.

Gut und Böse kämpfen um die Macht. Du ergreifst die Macht und überläßt dem Bösen den Kampf.

Stell dir das furchtbarste Kino-Monster vor, das dir jemals von der Leinwand entgegengekommen ist. Hatte es blitzende Augen und schreckliche Krallen? Das war nur ein Film, aber derartige angsteinflößende Szenen sind in den unerforschten Tiefen des wirklichen Lebens sehr lebendig. Äußerlich erscheint ein Mann oder eine Frau ganz ruhig und erfolgreich, aber in Wirklichkeit beherrschen unsichtbare Horrorvorstellungen alles, was sie tun und fühlen. Sie führen dazu, daß die Menschen innerlich heulen und zähneknirschen. Vergeblich versuchen sie ihre Verzweiflung vor sich selbst und anderen zu verbergen.

Vergiß nicht: Auch verborgenes Leiden ist echtes Leiden.

Das Monster im Kino ergreift deinen Körper und deine Emotionen. Obwohl ein Teil von dir vor Angst feuchte Hände bekommt, gibt es einen anderen Teil, der weiß, daß es ja nur ein Film ist. Diesen besonderen Teil von dir läßt das Monster völlig kalt. In Wirklichkeit geschieht dir überhaupt nichts.Ich verwende bewußt den Ausdruck »ein besonderer Teil von dir«. Dieses getrennte Selbst befindet sich gegenwärtig in deinem Besitz, obwohl du in der Praxis noch nichts damit anfangen kannst. Du hast immer schon ein besonderes Selbst besessen, das niemals eingeschüchtert, beängstigt oder betrogen wurde. Dein Lebensglück besteht darin, in dauerhaften Kontakt mit dem furchtlosen Teil deines Selbst zu kommen. Seine Entdeckung ist deine Erlösung. Damit er in diesem Augenblick in dir ist und dir unverbrüchlich zur Seite steht, brauchst du ihn nur einzuladen. Lade deine wahre Essenz ein, dein wahres Leben zu sein. Wahres Glück ist nicht, wenn du etwas *denkst*, sondern wenn du etwas *bist*.

Ein spiritueller Sucher ist wie der Besitzer einer riesigen Farm, der eines Tages in einem entlegenen Winkel seines Besitzes ein paar Bäume pflanzt. Nur selten besucht er diese Gegend. Ein Jahr später kommt er auf einem Ausritt wieder an die Stelle und sieht zu seiner großen Freude, daß die Bäume in voller Pracht ergrünen und erblühen. Pflanze auch du noch heute deine spirituelle Saat. Es wird nicht lange dauern, und sie wird erblühen. Dein Leben wird für dich einen Sinn ergeben.

Kurz und gut:

1. Erkenne aufrichtig die negativen Züge deines Wesens an und gehe dann über dich selbst hinaus in eine höhere innere Welt.

2. Lies die vergangenen Kapitel viele Male und denke über den Titel »Heilsame Entdeckungen« nach.

Ein Index
voller Wunder, um dich
selbst zu entdecken

Ablehnung

Wundern über negative Reaktionen 168
Wundern über die Selbstwahrnehmung 92
Wundern über die Leere 200
Wundern über Feindschaft 100

Angst und Unwissenheit

Wundern über ein Leben des Lernens 152
Wundern über innere Heilung 84
Wundern über Widerstände 192
Wundern über Ungeduld 122

Angst

Wundern über freien Willen und freie Wahl 80
Wundern, um den Weg zu finden 74
Wundern über Selbstaufgabe 196
Wundern darüber, sich in zeitloser
Gesellschaft zu befinden 96

Aufmerksamkeit

Wundern über die Stille 190
Wundern über das Lernen von Geduld 170
Wundern über die Wahrheit 208
Wundern über die Unentschiedenheit 148

Bestehen auf das eigene Unglück

Wundern über Schwächen 98
Wundern über nutzlose Gefühle 124
Wundern zur Selbsterneuerung 76
Wundern über negative Reaktionen 168

Bindungen

Wundern über Selbstschutz 104
Wundern über Niederlagen 156
Wundern über unsichtbare Einflüsse 204
Wundern über Schwächen 98

Das Böse

Wundern über Widerstände   192

Wundern über Angst und Unwissenheit   120

Wundern über Ungeduld   122

Wundern über Selbstschutz   104

Denken

Wundern über ein Leben des Lernens   152

Wundern über das Böse   198

Wundern über Glück und Sehnsucht   86

Wundern über einen festen Standpunkt   88

Der Feind

Wundern über unerfüllte
und frustrierende Wünsche   136

Wundern über menschliches Mitgefühl   108

Wundern über den menschlichen Geist   144

Wundern über das Loslassen   184

Druck

Wundern über Glück und Sehnsucht   86

Wundern über schmerzhafte Angewohnheiten   132

Wundern über Ehrgeiz   182

Wundern über das Loslassen   184

Ehrgeiz

Wundern über die Leere   200

Wundern über ein Lebensziel   150

Wundern über deinen inneren Groll   110

Wundern darüber, sich selbst zu besitzen   82

Einsamkeit

Wundern über Individualität   90

Wundern über die Wahrheit   208

Wundern über das Loslassen   184

Wundern darüber, sich selbst zu besitzen   82

Etwas Besonderes sein

Wundern über Selbstliebe 106
Wundern über Selbstwidersprüche 180
Wundern über Ehrgeiz 182
Wundern über unerfüllte
und frustrierende Wünsche 136

Farbe und Licht

Wundern über menschliches Mitgefühl 108
Wundern über das Erwachen 126
Wundern über ein Leben des Lernens 152
Wundern über Feindschaft 100

Feste Standpunkte

Wundern über Farben und Licht 194
Wundern über Niederlagen 156
Wundern über unerfüllte
und frustrierende Wünsche 136
Wundern über das Loslassen 184

Freier Wille und Entscheidung

Wundern über nutzlose Gefühle 124
Wundern über Individualität 90
Wundern über schmerzhafte Angewohnheiten 132
Wundern über Probleme 130

Freiheit finden

Wundern über einen festen Standpunkt 88
Wundern über Selbstaufgabe 196
Wundern über das Unerwartete 166
Wundern über Aufmerksamkeit 178

Unerfüllte Wünsche
Wundern darüber, etwas Besonderes zu sein 206
Wundern über Bindungen 134
Wundern darüber, wie man die
Zustimmung anderer sucht 112
Wundern über ein Leben des Lernens 152

Geduld lernen
Wundern über Ehrgeiz 182
Wundern über Selbstaufgabe 196
Wundern über Feindschaft 100
Wundern über Stärke 202

Individualität
Wundern über Feindschaft 100
Wundern über Widerstände 192
Wundern über das Loslassen 184
Wundern über die Selbstwahrnehmung 92

Innere Heilung
Wundern über Selbstschutz 104
Wundern über das Loslassen 184
Wundern über einen Neuanfang 160
Wundern über den Wandel 154

Leben als Lernen
Wundern über Selbstwidersprüche 180
Wundern über Niederlagen 156
Wundern über freien Willen und freie Wahl 80
Wundern über das Erwachen 126

Leere Entschuldigungen
Wundern über die Selbstwahrnehmung 92
Wundern über Selbstwidersprüche 180
Wundern über deinen inneren Groll 110
Wundern über Niederlagen 156

Leere

Wundern über Bindungen 134
Wundern über ein Lebensziel 150
Wundern über Selbstliebe 106
Wundern über schmerzhafte Angewohnheiten 132

Liebe und Selbstaufopferung

Wundern über menschliches Mitgefühl 108
Wundern über einen Neuanfang 160
Wundern über das Lernen von Geduld 170
Wundern über Feindschaft 100

Lust und Verlangen

Wundern über das Finden der Freiheit 128
Wundern über deinen inneren Groll 110
Wundern über ein Lebensziel 150
Wundern über Selbstwidersprüche 180

Mitgefühl

Wundern über Schwächen 98
Wundern über Selbstbestrafung 172
Wundern über Stärke 202
Wundern über einen Neuanfang 160

Negative Reaktionen

Wundern über nutzlose Gefühle 124
Wundern über Widerstände 192
Wundern über unsichtbare Einflüsse 204
Wundern zur Selbsterneuerung 76

Neuanfang

Wundern über das Nicht-Wissen 162
Wundern über ein Lebensziel 150
Wundern über die Einsamkeit 138
Wundern über nutzlose Gefühle 124

Nicht-Wissen
Wundern, um den Weg zu finden   74
Wundern über Aufmerksamkeit   178
Wundern über die Suche nach Antworten   174
Wundern über schmerzhafte Angewohnheiten   132

Niederlage
Wundern über einen festen Standpunkt   88
Wundern über die Unentschiedenheit   148
Wundern über nutzlose Gefühle   124
Wundern über Selbstliebe   106

Nutzlose Gefühle
Wundern über Niederlagen   156
Wundern über das Festhalten
am Unglücklichsein   78
Wundern über Selbstaufgabe   196
Wundern über das Nicht-Wissen   162

Probleme
Wundern über ein Leben des Lernens   152
Wundern über Selbstaufgabe   196
Wundern, um den Weg zu finden   74
Wundern über nutzlose Gefühle   124

Schmerzhafte Angewohnheiten
Wundern über Angst und Unwissenheit   120
Wundern über leere Entschuldigungen   114
Wundern über die Unentschiedenheit   148
Wundern über deinen inneren Groll   110

Schwäche
Wundern darüber, wie man
die Zustimmung anderer sucht   112
Wundern über Selbstschutz   104

Wundern über menschliches Mitgefühl 108
Wundern über Selbstbestrafung 172

Selbst-Erwachen
Wundern über ein Lebensziel 150
Wundern über Aufmerksamkeit 178
Wundern, um den Weg zu finden 74
Wundern über das Böse 198

Selbstaufopferung
Wundern über die Einsamkeit 138
Wundern über Liebe und Selbstaufopferung 102
Wundern über Selbstwidersprüche 180
Wundern über einen Neuanfang 160

Selbstbefreiung
Wundern über Druck 176
Wundern über das Finden der Freiheit 128
Wundern über das Nicht-Wissen 162
Wundern über das Unerwartete 166

Selbstbesessenheit
Wundern über deinen inneren Groll 110
Wundern über den Wandel 154
Wundern über das Lernen von Geduld 170
Wundern über ein Lebensziel 150

Selbstbestrafung
Wundern über Widerstände 192
Wundern über leere Entschuldigungen 114
Wundern über menschliches Mitgefühl 108
Wundern über negative Reaktionen 168

Selbsterneuerung
Wundern über das Unerwartete   166
Wundern über deinen inneren Groll   110
Wundern über unsichtbare Einflüsse   204
Wundern über nutzlose Gefühle   124

Selbstliebe
Wundern über Bindungen   134
Wundern über Individualität   90
Wundern darüber, etwas Besonderes zu sein   206
Wundern über deinen inneren Groll   110

Selbstschutz
Wundern über ein Leben des Lernens   152
Wundern über Widerstände   192
Wundern über Stärke   202
Wundern über Angst und Unwissenheit   120

Selbstsicherheit
Wundern, um den Weg zu finden   74
Wundern über das Böse   198
Wundern über einen festen Standpunkt   88
Wundern über das Nicht-Wissen   162

Selbstwahrnehmung
Wundern über das Unerwartete   166
Wundern über den Wandel   154
Wundern über Selbstschutz   104
Wundern über das Loslassen   184

Selbstwidersprüche
Wundern über einen Neuanfang   160
Wundern über Ungeduld   122
Wundern über Schwächen   98
Wundern über Niederlagen   156

Selbstzweifel

Wundern über deine Selbstwahrnehmung   92
Wundern über das Nicht-Wissen   162
Wundern über das Loslassen   184
Wundern über die Wahrheit   208

Stärke

Wundern über Individualität   90
Wundern über Selbstsicherheit   146
Wundern über Selbstzweifel   158
Wundern über ein Leben des Lernens   152

Stille

Wundern über Aufmerksamkeit   178
Wundern über unsichtbare Einflüsse   204
Wundern über Widerstände   192
Wundern über innere Heilung   84

Streben nach Anerkennung

Wundern zur Selbsterneuerung   76
Wundern über unerfüllte
und frustrierendeWünsche   136
Wundern darüber, sich selbst zu besitzen   82
Wundern über Individualität   90

Suche nach Antworten

Wundern über das Nicht-Wissen   162
Wundern über Selbstaufgabe   196
Wundern über die Wahrheit   208

Unentschlossenheit

Wundern über Druck   176
Wundern über die Suche nach Antworten   174
Wundern über Ungeduld   122
Wundern über das Festhalten
am Unglücklichsein   78

Das Unerwartete
Wundern über die Wahrheit   208
Wundern, um den Weg zu finden   74
Wundern über den Wandel   154
Wundern über unerfüllte
und frustrierende Wünsche   136

Unsichtbare Einflüsse
Wundern über Druck   176
Wundern darüber, etwas Besonderes zu sein   206
Wundern über Aufmerksamkeit   178
Wundern darüber,
sich in zeitloser Gesellschaft zu befinden   96

Wahrheit
Wundern zur Selbsterneuerung   76
Wundern über das Finden der Freiheit   128
Wundern über das Erwachen   126
Wundern über das Loslassen   184

Wandel
Wundern über Selbstschutz   104
Wundern zur Selbsterneuerung   76
Wundern über Glück und Sehnsucht   86
Wundern über schmerzhafte Angewohnheiten   132

Den Weg finden
Wundern über den menschlichen Geist   144
Wundern über die Wahrheit   208
Wundern über das Nicht-Wissen   162
Wundern über das Erwachen   126

Widerstand
Wundern über die Suche nach Antworten   174
Wundern über innere Heilung   84

Wundern über Selbstschutz 104
Wundern über das Loslassen 184

Zeitlose Gesellschaft halten

Wundern, um den Weg zu finden 74
Wundern über die Stille 190
Wundern über unsichtbare Einflüsse 204
Wundern über Liebe und Selbstaufopferung 102

Ziele

Wundern zur Selbsterneuerung 76
Wundern über die Suche nach Antworten 174
Wundern über das Erwachen 126
Wundern über Selbstzweifel 158